AF366272

PRODUCTION, CONSERVATION ET COMMERCE

DES

VIANDES DE LA PLATA

PARIS. — IMP. SIMON RAÇON ET COMP., RUE D'ERFURTH, 1.

PRODUCTION, CONSERVATION

ET COMMERCE

DES

VIANDES DE LA PLATA

AU POINT DE VUE DE L'AMÉLIORATION DU RÉGIME

ALIMENTAIRE EN EUROPE

PAR

LE DOCTEUR B. SCHNEPP

Extrait des MONDES

PARIS

ÉTIENNE GIRAUD, LIBRAIRE-ÉDITEUR

20, RUE SAINT-SULPICE, 20

1864

AVANT-PROPOS

—

Sous le titre de *Mission scientifique dans l'Amérique du Sud*, j'ai cru devoir rassembler les observations et les notes que j'ai recueillies dans une course, à travers une partie assez considérable du nouveau continent, et qui ont fait la base d'un grand nombre de rapports que j'ai adressés au ministère du commerce. J'ai pensé qu'en explorateur impartial, consciencieux et guidé par un profond dévouement aux intérêts de la vérité, à ceux de cette science sociale dont l'hygiène alimentaire est une des branches les plus importantes, je devais à l'Académie des Sciences, principalement, un compte fidèle et précis des faits qu'il m'a été donné de recueillir ou de contrôler pendant ce voyage. En appelant le jugement de cette Compagnie savante sur des questions pratiques, je songeais surtout à l'influence que sa grande autorité exercerait sur leurs solutions, en précisant, d'une part, le degré de confiance que l'Europe doit avoir dans les ressources du nouveau monde, et en préservant, d'autre part, les populations américaines de téméraires entreprises et de vaines spéculations. Je restais ainsi dans mon rôle d'expérimentateur et de rapporteur désintéressé, le seul que j'aie jamais ambitionné.

Dans cette petite publication je ne réunis que trois travaux distincts, les deux premiers ayant trait à l'hygiène alimentaire, et le troisième se rapportant à l'hygiène publique.

Le premier mémoire, qui a été lu à l'Académie des Sciences, dans la séance du 25 janvier et du 15 février 1864, est consacré à une description des *estancias* de la Plata, où l'on élève de nombreux troupeaux d'animaux des espèces bovine, ovine et chevaline ; j'y insiste sur la multiplication rapide du bétail, sur l'abondance de la viande, et, principalement, sur l'immense proportion de ce précieux aliment qui se perd, par suite de son discrédit et de l'absence de débouchés. La cause de cette défaveur découle tout naturellement du peu de soins accordés à la préparation des viandes ; les preuves que j'en ai données sont irrécusables.

M'attachant surtout à faire apprécier les moyens les plus pratiques et les plus efficaces pour la conservation des viandes, j'ai passé rapidement sur les préparations impossibles, inapplicables dans ces pays ; j'ai même cru devoir passer complétement sous silence ces prétendues découvertes, ces inventions stériles ; cette foule de procédés secrets si vantés, mais qui n'ont jamais résisté à l'expérience.

J'ai rappelé toutefois les efforts honorables, quoique infructueux, tentés par quelques associations industrielles de ces pays, dans le but d'arriver à créer des débouchés aux viandes qui les encombrent tant. Ces insuccès, pour de grands producteurs, ne se traduisent que par un amoindrissement de bénéfices, tandis que pour nous, pour nos populations européennes, c'est une perte réelle. Il est donc naturel que les gouvernements prévoyants et éclairés de l'ancien monde portent quelque attention à une pareille situation. D'ailleurs, chercher à établir un équilibre entre une production si exubérante d'une part et un besoin si réel de l'autre, n'est-ce pas, en effet, un problème social assez digne d'occuper les économistes ?

En France, Dieu merci, de pareilles questions trouvent toujours des sympathies puissantes et dévouées. Elles ont gagné le concours le plus empressé d'un savant économiste, M. le sénateur Michel Chevalier, de M. Jean Dollfus, le bienfaiteur de la population manufacturière de l'Alsace, et de M. F. Bravay, cet honorable député au Corps législatif qui, à l'étranger comme dans son pays natal, s'est toujours associé aux œuvres patriotiques et humanitaires !

Le deuxième mémoire de ce recueil, lu à l'Académie des Sciences dans la séance du 4 janvier 1864, est relatif à la *yerba maté*, espèce de thé dont l'usage est répandu dans toutes les contrées sud-américaines. Cette boisson est tonique et stimulante, sans être excitante ; elle possède toutes les vertus du thé de Chine et du café, mais elle n'agite pas et ne trouble pas le sommeil. L'arbuste qui produit la yerba vient spontanément dans les forêts vierges du continent sud-américain ; c'est là que j'ai dû aller pour étudier sur pied et voir de près la fabrication du thé. Les graines que j'ai rapportées de mon exploration du Paraguay ont été semées dans les serres du Jardin des Plantes ; et si, comme je le pense, cette plante peut s'acclimater en Algérie, nos colons y trouveront une boisson délicieuse et plus appropriée à leur climat que le café.

Quoique, dans toutes mes excursions, je n'aie jamais négligé de porter une attention sérieuse à tout ce qui concerne la santé publique, et que j'aie conservé des notes précises sur toutes mes observations, je n'ai cru cependant devoir encore livrer à la publicité qu'un seul travail relatif à la médecine, c'est celui qui forme le troisième mémoire de ce recueil et qui traite de la fièvre jaune. Les documents que j'ai pu me procurer et les renseignements fournis par des confrères honorables et instruits m'ont permis d'élucider, je pense, quelques points concernant l'apparition de la fièvre jaune au Brésil, la propagation de l'épidémie à Rio-Janeiro, puis de cette ville à Montévideo et à Buenos-Ayres.

Cette mission, que je n'avais ni ambitionnée ni sollicitée, à laquelle j'ai été entraîné presque malgré moi, était entourée de difficultés nombreuses et de dangers sérieux ; mais, une fois engagé, je n'ai plus reculé; j'ai lutté; et mes fatigues et mes peines seront bien récompensées, si l'avenir prouve qu'elles n'ont pas été complétement inutiles pour la science et pour l'humanité.

Je dois reconnaître toutefois que j'ai été accueilli avec une grande sympathie par les présidents, les gouverneurs et les sociétés industrielles de toutes les contrées sud-américaines; je conserve, parmi les souvenirs les plus chers, celui des relations agréables que j'ai trouvées dans les familles françaises établies à Montévideo et à Buenos-Ayres, et dans plusieurs familles italiennes du Paraguay; elles ont beaucoup contribué à faciliter mes recherches. Je saisis cette occasion, avec bonheur, pour leur exprimer toute ma reconnaissance.

Nos représentants dans ces pays lointains, M. Lefèvre de Bécourt, notre ministre à Buenos-Ayres, M. Maillefert, consul général à Montévideo, et M. Isarié, gérant du consulat de France à l'Assomption, m'ont traité avec une grande bienveillance, en même temps qu'ils m'ont éclairé de leurs sages conseils. Je suis heureux de leur en témoigner un public hommage de gratitude.

PRODUCTION, CONSERVATION ET COMMERCE

DES

VIANDES DE LA PLATA

PREMIÈRE PARTIE.

I. Importance de l'aliment emprunté au règne animal. — Quand on réfléchit à l'origine, au développement et à la destinée d'un peuple ou d'une nation, on trouve que son existence matérielle, morale et intellectuelle, comme celle de l'individu, est intimement liée à son alimentation. L'homme qui se nourrit de substances végétales est lourd dans sa constitution physique, indécis et indifférent au moral, peu actif et même passif au milieu de la famille humaine; tandis que le mangeur de viande est doué de forces proportionnées aux formes plus gracieuses que massives de son corps, d'une résolution prompte, d'un caractère vif et énergique, d'un esprit actif et entreprenant; il est plus disposé au commandement qu'à l'obéissance. Cette influence devient plus évidente encore quand on envisage les diverses variétés de notre espèce qui ont conservé un régime alimentaire distinct et particulier à travers les siècles.

Que sont devenus les peuples nomades de l'ancien et du nouveau monde, qui ne vivaient que de racines et d'herbages? L'Égyptien, presque depuis les temps historiques, subit le joug de l'étranger et son représentant actuel, le fellah, être sans force, sans énergie et sans volonté, n'est qu'une chose à la merci de la race conquérante! Dans le nouveau monde, la grande et nombreuse famille des Indiens qui, au milieu de ses immenses et presque impénétrables forêts, vivait d'herbes et de substances féculentes auxquelles elle associait bien parfois le maigre produit de sa chasse, est devenue, en peu de temps, la proie de quelques aventuriers portugais et espagnols. Aux antipodes de ceux-ci, d'autres, des millions et des millions d'Indiens, ne se nourrissant que de riz et de produits exclusivement végétaux, sont réduits aux conditions les plus passives sous la domination d'une poignée d'étrangers, mais mangeurs de viande par excellence, les Anglais.

Pour mieux apprécier les conditions sociales liées intimement à l'alimentation, il suffit de choisir dans un même rameau de la famille humaine, des nationalités ayant la même origine, vivant sous des climats à peu près semblables, ayant des mœurs identiques, et de les comparer entre elles sous le rapport de la diversité de leur régime alimentaire. Je prendrai pour exemple les populations de la Plata, qui sont d'origine espagnole; toutes sont à peu près également mélangées de sang noir et de sang indien; elles sont échelonnées sur ce fleuve et sur ses grands affluents, depuis Montevideo et Buenos-Ayres jusqu'à Parana, Corrientes et l'Assomption. Celles du littoral, tant de la république orientale de l'Uruguay que des provinces argentines, où le gros bétail et les troupeaux d'espèce ovine sont d'une si grande abondance, se nourrissent d'aliments tirés exclusivement du règne animal, le pain même n'est encore connu que dans les principales villes. Ces populations, principalement celles de la campagne, les gauchos nomades qui en représentent le type le plus beau, sont doués d'une fine mais solide complexion; une grande énergie est peinte sur leur figure intelligente; elles vivent dans une entière indépendance et, malheureusement pour ce beau pays, dans une complète anarchie, toujours disposées à renverser le lendemain ce qu'elles ont élevé la veille. Les populations de l'intérieur, au contraire, celles du Paraguay, par exemple, qui ne vivent que de manioc, de patates douces et de maïs dont elles se confectionnent même un pain lourd et indigeste, les céréales y étant complétement inconnues, ont une constitution molle, un caractère doux et paisible, point d'énergie et point de volonté; les actes les plus tyranniques et les plus despotiques de leurs derniers dictateurs n'ont même pas pu ébranler leur résignation. Mais le président actuel, homme de cœur, ne manquera pas de réparer ces maux.

Il serait curieux certainement de comparer entre elles aussi les nations européennes, sous le rapport de leurs forces corporelles, de leur activité physique, intellectuelle, de leurs œuvres d'art, de science et de littérature, et cela au point de vue seulement de leur régime alimentaire. Il ressortirait évidemment d'une parallèle semblable que l'homme ne produit, partout, qu'en raison de son alimentation. Est-ce à dire, pour cela, que la chair des animaux, à cause de son assimilation facile et ses qualités réparatrices, doive constituer la nourriture exclusive de l'homme? Loin de là; et, quoique la composition élémentaire et la faculté nutritive des subs'ances qui entrent dans nos aliments ne soient pas encore bien connues, il est admis cependant qu'en outre des aliments plastiques, que nous tirons du règne animal, nous avons besoin d'aliments comburants ou respiratoires empruntés au règne végétal. Une certaine pondération est même nécessaire entre la proportion des uns et des autres. Il n'est pas de plus grand problème posé à la science moderne, si éminemment pratique que celui des subsistances, et il n'y a pas de sollicitude plus digne du souverain d'une grande nation que celle qui tend à améliorer l'alimentation de la classe ouvrière!

Si la statistique de quelques-uns des grands centres de population de l'Europe peut fixer, mais d'une manière approximative seulement, la proportion des viandes d'espèces diverses qui y sont consommées par habitant et par jour; si, en outre, il est possible de porter cette proportion à 100 ou à 150 grammes même pour Paris, Lyon, Londres, Vienne et quelques autres villes, où le bien-être matériel est en rapport avec une plus grande aisance, il est certain que ce n'est là encore qu'une moyenne fictive, qu'un grand nombre, je n'ose pas dire la plupart des habitants de Paris, de Londres, etc., ne reçoivent pas même la moitié de cette ration moyenne, par la raison toute simple que les gens aisés et riches vivent presque exclusivement de viandes et qu'ils consomment six et huit fois plus que cette ration. C'est bien différent encore dans les campagnes : l'usage de la viande y est à peine connu. On peut dire, d'une manière générale, que la population la plus nombreuse en Allemagne vit de pommes de terre; et, sous ce rapport, je la placerais à côté de celle de l'Irlande, si, dans ce dernier pays, la quantité même ne faisait pas autant défaut que la qualité; en Angleterre, elle vit de légumes cuits à l'eau mais associés souvent à de la viande; en France, la base de l'alimentation du peuple, c'est le pain, qui est un des aliments les plus complets, qui est supérieur aux légumes et aux substances féculentes, mais qui est bien moins réparateur que la chair des animaux.

Nulle part l'influence d'un bon régime alimentaire n'est plus appréciable que dans nos armées. Cela se constate surtout chez ces jeunes conscrits qui entrent sous les drapeaux dans un état de faiblesse tel qu'ils ont de la peine à supporter, pendant les premiers temps, les fatigues inhérentes à l'apprentissage des armes; mais, après quelques mois passés au corps, ils prennent des forces, leurs chairs deviennent fermes, leur teint s'anime, ils se sentent tout transformés et pleins d'énergie. A quoi est due cette subite et si heureuse transformation? Au seul changement du régime alimentaire. C'est que ces hommes qui, pendant les vingt premières années de leur vie, ne mangeaient que des légumes et du pain, consomment en outre maintenant 500 grammes de viande tous les jours!

Je ne pense pas qu'on puisse se proposer, dans l'état actuel des ressources alimentaires en Europe, de vouloir atteindre une pareille moyenne pour la population des campagnes et pour toute la classe des travailleurs. Ainsi, pour procurer seulement 200 grammes de viande par jour à chaque Français, par exemple (ce qui correspond à la consommation moyenne de Paris pendant l'année 1862), il en faudrait, en réduisant à 37 millions la population française pouvant manger de la viande, plus de 7 millions de kilogrammes par jour, c'est-à-dire la quantité qui suffit aujourd'hui pour alimenter Paris pendant vingt jours. Or, la liberté de la boucherie et la vente de la viande à la criée, qui permettent à ce grand centre de population de s'approvisionner non-seulement en France, mais encore au dehors, ne sont pas encore arrivées à faire baisser le prix de cet objet de consommation qui, à cause de cela, ne reste toujours accessible qu'à la classe aisée. Et, malgré le facile écoulement des viandes sur les marchés de Paris, malgré le prix plus élevé qu'elles y atteignent, il n'y en arrive pas encore assez, puisqu'elles y conservent toujours le prestige d'un aliment de luxe. Cela tient tout naturellement à ce que les éleveurs français et ceux des pays voisins ne peuvent fournir une proportion assez grande d'animaux de boucherie. Que serait-ce donc si, pour donner un peu de viande à chaque Français, on réclamait à ces producteurs vingt fois plus d'animaux?

Il ne peut être facile d'élever considérablement et promptement la production du bétail en Europe : tous les pays ne conviennent pas également à cette industrie; les terres morcelées du continent européen ont surtout trop de valeur, la population y est trop dense pour qu'il soit possible de les détourner de la culture. Mais les richesses végétales et les êtres animés ne sont pas distribués uniformément sur le globe. Il est donc naturel de chercher ailleurs ce qui manque chez nous. Nous le trouverons peut-être dans les steppes de l'Europe méridionale, dans les plaines inhabitées de l'Asie, dans les régions basses et boisées de l'Afrique septentrionale, dans les vallons bien arrosés du nouveau monde, où le soc de la charrue n'a pas encore déchiré l'écorce terrestre; c'est là que cette industrie vraiment pastorale ou primitive est dans son milieu naturel et rencontre encore ses éléments de prospérité. C'est dans l'exubérante production en espèces bovine et ovine de ces zones à pâturages constants que l'Europe trouvera en échange des merveilles de son industrie, le contingent complémentaire d'une alimentation plus riche en substances assimilables et réparatrices.

J'aurai soin d'insister, dans différentes parties de ce travail, sur les conséquences heureuses que la liberté de transactions et la facilité de communications entre tous les peuples du globe exerceront, non-seulement sur le développement du bien-être matériel, mais encore sur l'activité intellectuelle et l'état moral de l'immense majorité des populations intéressées à la solution du problème de la vie à bon marché. Cependant je ne puis encore traiter, d'après mes propres observations et mes expériences personnelles, qu'une série restreinte de questions qu'il m'a été donné d'étudier sur les rives même de la Plata, en vertu d'une mission spéciale que je viens de remplir dans ces pays lointains. Mes recherches pratiques, isolées des observations scientifiques, que je n'ai pas négligé de faire simultanément, sur les climats de l'hémisphère sud, et dont j'aurai l'occasion de parler très-sommairement, comprendront donc la production des espèces bovine, ovine et chevaline, l'industrie des saladères où se préparent et se conservent les viandes, la graisse et les peaux de ces animaux, et enfin l'état actuel du commerce de ces produits et particulièrement de celui des viandes. La conclusion de ces études me conduira naturellement à déterminer les avantages que l'Europe, et surtout la France, sont appelées à tirer de l'industrie pastorale de l'Amérique méridionale.

II. — Productions des espèces bovine, ovine et chevaline dans la Plata. — 1. *Constitution générale du sol.* — Pour se former une idée de la nature et de l'importance des produits de ces contrées sud-américaines, il est nécessaire d'entrer tout d'abord dans quelques considérations relatives à l'étendue de ces pays, à la constitution de leur sol et aux conditions climatériques qui président aux divers ordres de phénomènes de la vie des êtres.

L'ancienne vice-royauté de la Plata, qui relevait de l'Espagne et dont Buenos-Ayres, après l'Assomption, formait la capitale, est séparée, depuis la première décade de ce siècle, en trois États distincts : le Paraguay au nord, la république orientale de l'Uruguay à l'est, et la Confédération Argentine, qui s'étend entre ces deux pays et la grande Cordillère des Andes jusqu'en Patagonie, avec laquelle se confondent ses pampas et ses plaines désertes. Ce bassin, compris entre le 20° et le 40° degré de latitude sud, s'est formé dans un estuaire vaste et angulaire, ouvert au sud-est entre la grande chaîne des Andes et le système itacolumien qui se termine par les petites

sierras au sud du Brésil, dans la bande orientale de l'Uruguay.
Pressées entre les flancs de cette double chaîne de montagnes, les
eaux ont dû se retirer vers l'océan Atlantique, à mesure que les
soulèvements successifs se sont combinés avec les dépôts sédimen-
taires pour former le bassin du Rio de la Plata. Aussi n'est-ce qu'à
de très-rares intervalles, dans la Bande Orientale et au Paraguay,
qu'on voit surgir des mamelons de l'époque primitive étalant au
grand jour leurs granits, leurs gneiss, leurs micaschistes et les roches
métamorphiques de même formation, tandis que les terrains sédi-
mentaires, si bien étudiés par d'Orbigny, prédominent partout. Dans
la partie supérieure des grands affluents du Rio de la Plata, mais
principalement entre le Paraguay et le Parana, et entre ce dernier
cours d'eau et l'Uruguay abonde le *terrain tertiaire guaranien*, constitué des dépôts de grès ferrugineux et gypseux, alternant parfois avec
l'*old sandstone*, semblable à notre grès vosgien, quoique beaucoup
plus friable, surtout à l'Assomption. Mais à mesure qu'on descend
vers la mer, les rives de ces vastes et puissants cours d'eau s'abaissent, et la couche sédimentaire précédente disparaît sous des dépôts
plus récents de grès marins riches en couches puissantes de mollusques
fossiles, et surtout sur les côtes de Patagonie, d'où d'Orbigny a fait
son terrain tertiaire patagonien. Enfin viennent, immédiatement
sous l'humus ou la terre végétale, des dépôts de sables et d'argiles,
tantôt jaunes, tantôt grisâtres et tantôt rougeâtres avec des nodules
calcaires renfermant, dans une forte proportion, des ossements de
grands mammifères et d'autres espèces d'animaux disparus actuellement. Ce terrain constitue le fond des pampas, mais il s'étend aussi
dans une grande partie de la Confédération Argentine, dans l'Uruguay et jusque dans le Brésil ; c'est le *terrain tertiaire pampéen* de
d'Orbigny.

Je demande à l'Académie de vouloir bien me permettre d'ajouter
quelques mots sur les importantes découvertes paléontologiques que
fait, depuis quelques années, dans le terrain pampéen de la province
de Buenos-Ayres, un savant naturaliste allemand, M. le docteur Burmeister, aujourd'hui directeur du musée de Buenos-Ayres, qu'il a
déjà enrichi des pièces les plus dignes d'intérêt. Ce savant, qui m'a
montré avec le plus grand empressement ses richesses paléozoïques,
m'a fait remarquer, entre autres trouvailles, deux énormes bassins
dont le diamètre transverse est très-étroit, moitié moins grand que le
diamètre antéro-postérieur; ces bassins dont l'un est complet, lui semblent devoir être rapportés à une espèce de mégathérium plus grande
encore que celles connues jusqu'ici. J'ai vu aussi une tête de cheval
dont le volume dépasse de moitié au moins celle de nos chevaux ac-

tuels, dont les mâchoires sont garnies de dents grosses, longues et incurvées ; des fragments de colonnes vertébrales tellement colossales, que le trou rachidien peut contenir le bras d'un enfant de 5 ans. Mais à côté de toutes ces pièces, qui sont pour la plupart à déterminer et à compléter encore par des fouilles nouvelles et bien dirigées, M. Burmeister m'a fait admirer un énorme tatou fossile qu'il a eu la bonne fortune de rassembler pièce par pièce, et dont il a monté complétement le squelette qui forme le plus bel ornement du musée de Buenos-Ayres.

Cet édenté est représenté encore aujourd'hui dans la Plata par plusieurs espèces, dont la plus grande, le *tatou géant, dasypus gigas*, ne se rencontre plus que dans le Paraguay. L'individu de cette espèce que j'y ai vu avait 50 centimètres de haut sur 70 centimètres de long depuis le museau jusqu'à l'extrémité de la queue. Mais le *glyptodon* restauré de M. Burmeister, présente un squelette pierreux qui n'a pas moins de 5 mètres de longueur sur 1^{m},50 de hauteur, dont les membres bas mais massifs soutiennent une carapace énorme qui recouvre la charpente de l'animal et qui a 2 mètres de longueur ; elle est supportée par les apophyses épineuses et transverses des vertèbres dorsales, lombaires, sacrées et caudales, en partie, comme aussi par les os scapulaires ; les vertèbres sacrées et lombaires sont soudées ensemble, ainsi que les vertèbres dorsales, et parmi les vertèbres cervicales, les 7e et 1re seules sont libres. Les vertèbres caudales forment 9 anneaux soudés dont les 4 premiers ont de larges et fortes apophyses transverses qui servent également à soutenir la carapace. La tête de cet énorme animal semble être tout entière dans la mâchoire inférieure, la boîte crânienne ne pouvait certainement pas loger un cerveau plus gros que le volume d'un œuf de poule. Les mâchoires n'ont ni incisives ni canines ; elles supportent chacune deux rangées de 8 dents molaires, grosses et crénelées : caractère dont M. Owen s'est servi pour dénommer le premier édenté fossile de ce genre dont le consul anglais Parish lui avait rapporté des débris. Les doigts de cet édenté sont armés d'ongles et de grosses griffes.

C'est là le squelette complétement rétabli d'une espèce éteinte, qui était colossale, lourde, peu agile et probablement stupide. Je laisse à M. Burmeister le soin de faire connaître au monde savant ce colossal édenté ainsi que toutes les autres richesses paléontologiques qu'il a déjà acquises ; c'est son droit. Je dois me borner, dans une humble observation de voyageur, à exprimer devant l'Académie la conviction que le squelette entier de l'édenté, reconstruit par le naturaliste allemand, permettra de compléter et de rectifier l'individu que M. Owen a rétabli sous le nom de *glyptodon clavipes*, conservé au musée des chirurgiens de Londres et celui que M. Nodot a su tirer, avec tant d'habileté et de patience, d'innombrables débris d'ossements fossiles qui lui sont également arrivés de la Plata, et dont il a fait un genre nouveau, sous la dénomination de *glyptodon chistopleurum*. Ce remarquable représentant du genre tatou géant d'une époque antérieure à la nôtre se trouve au musée d'histoire naturelle de Dijon.

Les recherches paléontologiques faites dans ces mêmes terrains pampéens par notre compatriote, le malheureux Bravard, enseveli, en 1861, sous les ruines de Mendoza, sont restées stériles pour la science jusqu'à ce jour. Cependant il a formé une collection d'échantillons d'ossements fossiles dans laquelle figurent des squelettes rares appartenant à des espèces nouvelles et même indéterminées, suivant les propres expressions de M. Burmeister qui en a eu le catalogue entre les mains, et qui attache à ces découvertes une grande importance scientifique. Cette riche collection, après la mort de Bravard, a été saisie et elle se trouve aujourd'hui à Buenos-Ayres et à Mendoza entre des mains étrangères qui, en ignorant la valeur, la laissent se perdre.

2. *Conditions climatériques.* — Après avoir constaté l'uniformité de constitution géologique du bassin de la Plata, il pourrait paraître assez logique de conclure de là à la coexistence des mêmes types de la flore et de la faune dans ces diverses régions, mais des agents modificateurs nombreux et puissants, liés aux phénomènes si variables de l'atmosphère, contribuent à former des climats partiels qui régissent principalement les lois de la distribution des êtres sur le globe. Je crois donc devoir rapporter, en quelques mots, les conditions climatériques les plus générales des contrées platéennes.

Les observations météorologiques faites sur quelques-uns des points de ces pays, par des voyageurs comme d'Azara, Reugger, d'Orbigny, Parish, et plus récemment par M. Burmeister et notre compatriote, M. le docteur Martin (de Moussy), ont dû me guider dans mes recherches personnelles ; elles m'ont confirmé dans une opinion que je vois se vérifier de plus en plus et qui permet de distinguer, dans cet hémisphère comme dans l'autre, un climat marin plus uniforme existant sur le littoral, et des climats continentaux moins constants et plus extrêmes à mesure qu'on pénètre dans l'intérieur.

Ainsi, les deux villes maritimes Montevideo et Buenos-Ayres, situées sous la même latitude (34° degré), et différant fort peu par la longitude, se trouvent à peu près dans les mêmes conditions climatériques. La température moyenne de l'année est de 16°,5 à Montevideo ; elle est de 17° à Buenos-Ayres ; c'est la conséquence de ce fait qui ne manque pas d'importance pour l'étude à laquelle je me livre, que l'été et l'automne sont plus chauds dans la dernière que dans la première de ces villes, en même temps que les hivers et les printemps y sont plus froids, comme l'établit le petit tableau suivant :

	TEMPÉRATURES MOYENNES			
	DE L'ÉTÉ.	DE L'AUTOMNE.	DE L'HIVER.	DU PRINTEMPS.
Montevideo	22,4	17	11,2	16,2
Buenos-Ayres	23	18	11	16

L'amplitude des oscillations diurnes du thermomètre varie plus particulièrement sous l'influence des vents ; et tandis que cette variation va jusqu'à 10 et 15° à Buenos-Ayres, elle n'est que de 7 à 8°, et rarement de 10° à Montevideo. La différence entre les températures extrêmes est également plus grande à Buenos-Ayres qu'à Montevideo, où cependant le thermomètre descend déjà quelquefois, en juillet et en août, jusqu'à 0°, tandis que dans le mois le plus chaud, en janvier, il s'élève jusqu'à 40 et même 41°.

Déjà, je puis constater que la cause de l'uniformité plus grande dans la température de Montevideo provient de ce que cette ville est sur une presqu'île et au bord de la mer, tandis que Buenos-Ayres, bâtie au fond de la baie, sur les rives du fleuve, est pour ainsi dire une ville continentale. Cette influence continentale devient plus sensible par le rapprochement de la température des deux villes de Parana et de Mendoza, situées sous le 32ᵉ degré de latitude sud. Quoique un peu plus au sud que Mendoza, Parana, bâtie sur la rivière de ce nom, jouit d'une température annuelle moyenne de 19°,60, tandis que dans la première de ces cités, placée dans l'intérieur et vers l'ouest, cette moyenne n'est que de 16°,46 ; les oscillations extrêmes sont comprises entre — 2° ou — 3° et + 36°, en outre, il y a souvent de la neige ; tandis qu'à Parana ces extrêmes oscillent entre — 1° et + 36°, et la neige ne s'y montre jamais, pas plus qu'à Buenos-Ayres, qui est bien plus au sud encore, mais qui est plus littorale. Toutefois ce rapprochement n'est pas très-concluant, il faudrait y faire entrer aussi l'altitude plus considérable de Mendoza, et surtout le voisinage de cette ville, de la haute chaîne des Andes. En comparant Parana à Tucuman, qui se trouve presque dans le voisinage du tropique, sous le 26ᵉ degré de latitude sud et dans l'intérieur du continent américain, on est frappé de voir que la température annuelle moyenne y est de 20°, par conséquent plus élevée qu'à Parana ; ce qui donne lieu à des oscillations plus grandes entre les températures des saisons : l'hiver y est plus froid qu'à Parana, puisque la moyenne y est de 13°, tandis qu'elle est de 16°,2 dans cette dernière ville ; et, par contre, l'été, qui a pour moyenne 27°,6, y est plus chaud qu'à

Parana, dont la chaleur moyenne des étés est de 26°,4 ; la différence entre les températures extrêmes s'élève, à Tucuman, de — 3° jusqu'à + 40°.

Les données fournies par l'observation météorologique sur le Paraguay sont trop peu dignes de foi pour qu'on puisse les mettre en parallèle avec celles qui précèdent ; je n'ignore pas qu'on donne à l'Assomption pour température moyenne de l'année 22°, que celle de l'été serait de 30°, et celle de l'hiver de 10°. Le peu de temps que j'ai passé dans cette capitale ne m'a pas permis de vérifier l'exactitude de ces chiffres ; toutefois, j'ai pu constater qu'en mars, époque de l'année à laquelle les fortes chaleurs sont tombées, où les orages se montrent et les pluies commencent à rafraîchir l'air, la température la plus basse qu'on observe, au moment où le disque du soleil apparaît sur l'horizon, est de 20 à 21°, tandis que le maximum de la journée, qui tombe entre 1 et 2ʰ, n'atteint pas au delà de 28 à 29°. Mais la différence des extrêmes dans les autres mois et aux autres saisons doit être plus considérable dans cette partie centrale du continent américain.

Si je cherche à apprécier, dans les mêmes localités que je viens de parcourir, les météores aqueux en partant du littoral et en m'élevant vers le tropique, je constate que les pluies sont très-abondantes sur le littoral, puisqu'en 50 ou 60 jours il tombe à Montévideo, suivant les observations recueillies par M. le docteur Martin de Moussy, comme moyenne annuelle, 1 100ᵐᵐ d'eau ; et à Buenos-Ayres, d'après les données de Mossotti, Eguia et Burmeister, il tombe en moyenne 950ᵐᵐ d'eau par an ; les grandes averses d'eau arrivent principalement au changement des saisons, à l'approche de l'hiver. Mais à Buenos-Ayres l'hiver est considéré comme la saison la moins pluvieuse. Les pluies détrempent tellement le sol, que les communications deviennent impossibles autrement qu'à cheval, et même pas toujours ; mais elles diminuent au printemps, et souvent elles manquent pendant des mois. La sécheresse est parfois tellement grande et persistante que des troupeaux entiers de bétail périssent de faim. C'est aussi le fléau le plus redouté par les grands fermiers de ces pays. Il est digne de remarque que ces pays sont complétement privés de bois et que les immenses plaines des pampas sont ouvertes à des rayonnements nocturnes considérables.

Mais à mesure qu'on remonte les grands cours d'eau de l'intérieur et qu'on approche du tropique, on traverse une zone dans laquelle les pluies deviennent très-rares, comme dans la zone symétrique de notre hémisphère. Ainsi, comme dans l'ancienne Thébaïde, entre les 28ᵉ et 24ᵉ degrés de latitude nord, où l'on disait qu'il ne pleut jamais, tellement la quantité d'eau qui y tombe chaque année est minime, de même dans l'intérieur de la confédération Argentine, à Parana, à Cordova, à Santa-Fé, qui correspondent aux 51°, 50° et 29° degrés de latitude sud, il ne pleut jamais, pendant les mois d'hiver, depuis mai jusqu'en septembre, et pendant les sept autres mois il tombe des quantités d'eau presque insignifiantes, ne dépassant pas de 5 à 400 millimètres. Et s'il résulte des observations de M. Burmeister que les pluies redeviennent plus abondantes à mesure qu'on s'élève vers le tropique, et qu'à Tucuman, par exemple, la moyenne annuelle est de 940^{mm} d'eau tombée en 29 jours, il n'est pas moins singulier que ces jours de pluie correspondent au printemps et à l'été, et jamais à l'automne et à l'hiver. Cette régularité de l'époque des pluies n'existe plus dans la zone tropicale du Paraguay; il pleut ici à peu près dans tous les mois, plus particulièrement en automne. J'y ai vu en mars les orages les plus magnifiques accompagnés d'averses; les hivers y sont ordinairement très-pluvieux, et il tombe également beaucoup d'eau en été. Aussi quelle richesse et quelle variété dans la végétation !

L'humidité de l'air, la vapeur d'eau qui y est tenue en suspension, est en rapport avec le degré de température, et, d'une manière générale ; je dois constater encore dans l'hémisphère sud ce que j'ai indiqué ailleurs pour l'hémisphère nord, savoir que la saison chaude est plus sèche que la froide ; aussi les observations tendent à prouver que janvier et décembre sont les mois les plus secs à Montévideo et à Buenos-Ayres ; mais elles laissent trop à désirer sous le rapport des instruments imparfaits employés et sous celui du contrôle régulier ; et, par ces raisons, je ne saurais admettre même les moyennes annuelles qu'on donne pour Montévideo (87 pour 100) et pour Buenos-Ayres (82 pour 100). Je n'ai également et malheureusement que fort peu d'observations à opposer à celles-ci, mais les miennes ont été faites à l'aide du psychromètre de M. Regnault et calculées d'après la table de la force élastique de la vapeur, dressée également par ce savant. Le maximum d'humidité que j'ai constaté, pendant les mois de février et de mars 1863, a été 88 pour 100, le matin, peu après le lever du soleil, tandis qu'en général mes expériences du soir ne me donnaient que, très-exceptionnellement, plus de 60 pour 100; le minimum, pendant ces deux mois, est constamment tombé dans l'après-midi ; la plus grande sécheresse que j'aie ainsi constatée, ç'a été 42 pour 100 en mars, qui est cependant un des mois les plus humides de l'année.

Je suis convaincu que les observations météorologiques plus précises que M. Burmeister se propose de faire dans la confédération

Argentine, le conduiront à reconnaître la corrélation intime qui existe entre le degré d'humidité atmosphérique et la direction de certains vents. Ainsi j'ai déterminé, par l'observation la plus rigoureuse, qu'en Égypte les vents du sud, déviés à l'ouest ou à l'est, sont toujours infiniment plus secs que ceux du nord.

J'ai retrouvé un fait semblable dans l'hémisphère sud, mais dans un sens opposé ; ici, les vents qui viennent de l'équateur sont le plus chargés de vapeurs d'eau, et je n'ai jamais trouvé avec les vents du nord moins de 60 pour 100 d'humidité ; tandis que les vents du sud sont beaucoup plus secs, surtout le terrible Pampéro, qui, partant du sommet des Andes, franchit, dans la direction du sud-ouest, les vastes plaines des pampas et vient rendre si dangereuse pour la navigation l'entrée de la Plata ; ce vent est froid, sec et très-violent, mais son degré de sécheresse, que j'ai trouvé de 30 et une fois de 29 pour 100, n'égale pas celui du brûlant Khamsin de l'Égypte, qui m'a donné dans la Thébaïde 11 pour 100. Il règne rarement plus de deux ou trois jours de suite, et se montre dix ou douze fois par an, à la suite des orages dont il disperse les nues, et il sèche promptement la terre. Serait-il constant que dans l'hémisphère nord ce sont les vents du sud qui sont les plus secs, tandis que dans l'hémisphère sud, les vents qui viennent de l'équateur sont les plus humides? C'est là un des nombreux *desiderata* de la météorologie.

Si, d'après les observations de M. Martin (de Moussy) et de M. Burmeister, les vents les plus fréquents sur le littoral sont ceux de S. et d'E., qui, d'après ce dernier, seraient à Buenos-Ayres, à ceux de N. et d'O. dans le rapport de 285 à 164, il est certain que dans l'intérieur règnent alternativement des vents de N. et des vents de S , ceux-là plus fréquemment que ceux-ci. Mais ceux qui viennent directement de l'Équateur, qui sont brûlants et humides, sont des vents d'orage qui durent peu et règnent rarement. On les appelle *zonda* ; on leur attribue une foule de maux ; quant à moi, je n'ai à me plaindre que de la chaleur humide qu'ils soufflent dans ces zones.

Les observations barométriques recueillies dans cette partie de l'Amérique constatent, comme dans l'hémisphère nord, des oscillations diverses dans la colonne mercurielle qui atteint une hauteur maximum vers 9 heures du matin et vers 10 heures du soir, comme elle descend au minimum vers 4 heures du soir et vers 5 heures du matin. L'amplitude de ces oscillations diverses s'élève parfois jusqu'à 4 et même 5^{mm}. Pendant la révolution de l'année, le baromètre accuse des mouvements non moins réguliers quoique plus lents, qui sont parallèles, mais en sens opposé à ceux du thermomètre dans ces latitudes, comme dans les nôtres ; ainsi à l'hiver correspondent

les hauteurs maxima et à l'été les plus grands abaissements de la
colonne mercurielle, comme l'indique le relevé suivant :

	HAUTEURS BAROMÉTRIQUES MOYENNES	
	A MONTÉVIDEO.	A BUENOS-AYRES.
Hiver	764	765,1
Automne.	765	761,6
Printemps	762	761.4
Été.	761	758.8

Les écarts les plus subits et les plus sensibles de ces moyennes ont
lieu sous l'influence des grands et violents mouvements de l'air, mais
toujours dans le même sens ; les vents chauds du N., surtout le zonda,
abaissent la colonne barométrique, et les vents froids du S., principalement le pampero, l'élèvent.

Les phénomènes qui précèdent et accompagnent les orages sont
assez communs dans les contrées platéennes, au printemps et en été ;
mais dans le voisinage de la Cordillère des Andes, les phénomènes
souterrains d'action volcanique viennent parfois ébranler le sol. Je ne
rappellerai que le dernier tremblement de terre qui a détruit la ville
de Mendoza dans la nuit du 20 mars 1861 et qui, sur ses 10 000 habitants, en a enseveli 8 000 sous ses ruines ; au nombre de ces victimes se trouve notre compatriote Bravard, qui, peu auparavant, en
faisant des fouilles dans le voisinage de cette ville, avait remarqué la
constitution volcanique du sol, sans y rencontrer encore de canal
d'écoulement, et qui aurait déclaré, d'après ce fait, qu'elle était
menacée de tomber un jour (qu'il ne croyait pas si prochain) dans
le rayon de nouvelles éruptions[1].

III. *Population et culture.* — Les Espagnols qui se sont emparés, il y a
trois siècles déjà, de ces vastes contrées qui, en étendue, dépassent tous
les pays de l'Europe ensemble, n'y sont pas encore complétement en
sûreté ; les anciens possesseurs, qu'ils ont refoulés de plus en plus
jusque dans les forêts impénétrables, au lieu de se les assimiler, les
inquiètent sans cesse par de soudaines et violentes incursions.
D'ailleurs la race conquérante, y compris ses descendants issus de
nombreux mélanges avec le nègre et l'Indien, y compris également
ment ceux que ces néo-indigènes appellent avec un certain dédain
les étrangers, par cela seul que ceux-ci y sont venus les derniers, ne
forme pas un ensemble de *deux millions d'âmes, pour tout le bassin
platéen !* La moitié de cette population se trouve dans la région littorale de l'Uruguay, de la province de Buenos-Ayres et de la Mésopotamie Argentine ; toutes les autres provinces avec le Paraguay possèdent à peine un million d'habitants. Les étrangers se fixent principa-

[1] La ville de Mendoza se trouve à peu près sous le 52e degré de latitude sud, au
pied de la Cordillère des Andes ; elle est le chef-lieu de la province argentine du

lement à Montévidéo et à Buenos-Ayres ; un petit nombre seulement gagne les villes échelonnées sur les cours d'eau de l'intérieur et se fixe à Rosario, à Parana, à Corrientes ; très-exceptionnellement quelques-uns pénètrent jusque dans le Paraguay. Toute l'activité commerciale et industrielle est exercée par ces étrangers, c'est à eux presque tout seuls que ces pays doivent leur richesse. La race hispano-américaine appartient à un fort beau type ; les femmes surtout

même nom, et, avant le dernier tremblement, elle comptait environ 10 000 habitants.

En automne 1861, le 20 mars, après une journée de douce chaleur qui n'offre rien de particulier, vers huit heures et demie du soir, alors qu'une grande partie des habitants prenaient le frais sur les terrasses des maisons, ou fréquentaient les promenades, on sent tout à coup une secousse violente et trémulante, à direction horizontale de l'occident à l'orient, et qui, dans une durée de deux secondes, ébranle jusque dans leurs fondements les maisons et tous les monuments de la ville ; ceux-ci s'affaissent et s'engloutissent dans un épais et énorme tourbillon de poussière. Un petit nombre des habitants parviennent seulement à échapper à ces ruines.

Alors on entend de tous côtés sortir des décombres des cris, des clameurs et de lugubres gémissements ; presque en même temps des flammes s'élèvent de ces ruines ; elles proviennent de l'incendie allumé par les substances inflammables et entretenu par les huiles, les corps gras, etc. Les eaux des réservoirs et des canaux sortent de leurs lits et s'écoulent dans les crevasses béantes où sont noyés les malheureux qui d'abord avaient échappé à la mort comme par miracle. Ces crevasses profondes présentent parfois une ouverture de plus d'un mètre par laquelle s'écoulent des eaux sales et bourbeuses. Des lacs se sont formés là où était un quartier de la ville. Le bouleversement est général. Pendant la nuit se font sentir encore des secousses, mais faibles ; le lendemain, d'après le journal d'un témoin de cette désolation, les survivants, qui éprouvent sept fortes secousses, n'osent même pas encore secourir ceux qui gémissent sous les décombres. Ce n'est que le 22, quoiqu'il y eût encore quatorze secousses légères, que ceux qui ont échappé à la mort, les blessés, les contusionnés, les meurtris et tous les malheureux plongés dans la consternation, au nombre d'un millier de personnes, se traînent vers une place où ils se rassemblent et s'établissent pour tâcher de lutter encore contre la mort et contre la faim. Déjà l'air se corrompt ; les cadavres des hommes et des animaux ainsi accumulés, sous une température élevée, commencent à entrer en décomposition. Le 25 seulement arrivent des secours, mais en même temps aussi des pillards : plusieurs voleurs sont fusillés. On parvient, malgré 15 secousses dont 5 fortes, à tirer des décombres quelques personnes vivantes. Les secousses vont en diminuant de nombre et d'intensité jusqu'au 30 mars, jour où l'on sent les dernières et les plus faibles.

Un docteur anglais, M. Forbes, s'est rendu peu après sur l'emplacement de Mendoza, et dans un rapport qu'il a publié, le 17 mai suivant, dans les journaux du pays il constate que, si les secousses ont été éprouvées à Cordova, à Parana et jusqu'à Buenos-Ayres, l'action principale du tremblement, s'est bornée à une zone assez étroite qui, allant du nord-ouest vers le sud-est, a passé directement par la ville de Mendoza. Il a poursuivi cette zone au nord-ouest de Mendoza, sur une étendue de trente lieues, jusque dans la sierra d'Uspallata, en marchant sur les traces non équivoques laissées par le tremblement : la dislocation du sol, la séparation et le broiement des roches, le déplacement de grosses masses de pierres, l'apparition de sources nouvelles et plus abondantes, le bouleversement profond et récent dont le point de départ aurait été dans la vallée du Rio dos Patos, entre les deux chaînes des Andes. C'est là, suivant M. Forbes, que se serait formée une vaste fente qui aurait donné issue aux matières gazeuses des profondeurs de la terre. C'est fâcheux cependant que ce ne soit là qu'une supposition de ce voyageur et qu'il n'ait pas pu se rendre jusque dans cette partie des Cordillères pour la vérification du fait.

sont coquettement séduisantes, mais elles ont en général une constitution molle et lymphatique qui leur vaut de fort mauvaises dents, et celles-ci déparent bien leur bouche. L'amour du travail, un caractère persévérant, de la tolérance et de la bonne foi ne sont pas les qualités qu'on rencontre le plus communément chez ces populations exaltées de républicanisme. « La première chose qui frappe, dit un célèbre publiciste, quand on pose le pied sur le continent américain, c'est l'entier désaccord, les anomalies profondes qui existent entre les institutions et la société; sa civilisation, telle qu'on l'a bâclée, ne tient au sol par aucune racine ; elle est tout artificielle ; c'est une importation étrangère, imposée par surprise et dont on a faussé la destination [1]. »

Ainsi disséminées sur un vaste continent et dans des plaines sans limites, les populations sud-américaines sont trop peu denses encore pour pouvoir se livrer avec avantage à l'industrie agricole, ou au défrichement d'un sol qui d'ailleurs, tel quel, n'est déjà pas si ingrat. Je pourrais rappeler bien des tentatives ruineuses faites par des colons européens, tant sur les rives que vers l'intérieur de la Plata, dans le but fort louable d'introduire dans ces contrées la culture des végétaux de première utilité. Ces insuccès ne sont cependant pas dus à l'infécondité des terres ; les céréales, la pomme de terre, la patate, le manioc, le maïs, la canne à sucre et le tabac sont cultivés avec succès autour de quelques villes du littoral et près des fermes de l'intérieur, mais dans la simple proportion des besoins immédiats. Ce n'est que depuis les guerres de l'Amérique du Nord que, les approvisionnements en denrées alimentaires et autres ne venant plus de l'étranger, la culture du blé a pris une certaine extension près de Montévideo et de Buenos-Ayres, où se sont établis aussi des moulins à vapeur. L'existence de cette industrie est encore bien précaire. Certes, le maïs est cultivé sur une plus grande échelle, principalement dans les provinces argentines de l'intérieur et dans le Paraguay, où sa farine devient la base d'un pain, dans la composition duquel entrent également de la graisse de vache, des œufs et du fromage, et qu'on appelle *chipa*. Torréfiés légèrement, les grains de maïs forment un aliment très-agréable, surtout avec du lait. D'ailleurs le maïs, grossièrement broyé, est bouilli aussi avec le lait, et alors il constitue une espèce de pâte ou de gâteau appelé *mazamora*, dont on fait un très-grand usage dans les familles aisées. J'ajouterai que dans ces populations, où j'ai vu tous les jours sur mon passage des centaines de malades, je n'ai pas rencontré un seul pellagreux.

Si le tabac est une des ressources principales du commerce para-

[1] De Angelis, *Archivo americano*.

guayen, le manioc, qui est cultivé dans ce pays presque avec autant de soins, constitue l'aliment le plus généralement répandu. Cette espèce appelée mandioca, donne une racine de la grosseur d'une carotte qui atteint rarement un pied de longueur; elle est presque complétement formée de fécule pure n'ayant point de principes amers ou nuisibles; le centre seulement de cette racine est traversé par un amas de fibres qui forment un faisceau comme la mèche dans une bougie. Elle se distingue essentiellement de l'espèce du Brésil, qui est plus grosse, mais qui contient un principe vénéneux, qui a besoin d'être éliminé par le lavage ou la cuisson. La farine obtenue de la mandioca, dite *farinha de pao* au Brésil, est un aliment répandu dans tous les pays sud-américains. Je trouve que la variété paraguayenne qu'on fait bouillir dans la soupe ou rôtir sous la cendre est plus agréable que la meilleure de nos pommes de terre, et je pense qu'il sera facile de l'acclimater en Algérie. Le manioc se reproduit nonseulement par la graine, mais encore par ses racines et aussi par les nœuds de sa tige.

La canne à sucre est cultivée seulement dans le Paraguay, où le même pied produit pendant plusieurs années de suite et où la récolte devient l'occasion de fêtes, comme nos vendanges. Malheureusement cette plante ne sert qu'à former de la mélasse qui est distillée pour la fabrication d'une eau-de-vie appelée *caña*, dont ces populations si misérables ainsi que les Indiens font un usage détestable.

Ce sont là les seules cultures de la Plata; encore ne sont-elles usitées que dans quelques localités de l'intérieur, sur la lisière des bois, autour des ranchos et loin des centres de population où le capital rapporte, sans nul travail, 15, 18 et jusqu'à 24 p. 100. Deux seules sources de richesse ont pu lutter quelquefois, sans trop de désavantages, contre un pareil courant; c'est, d'une part, l'extraction des bois des immenses forêts de l'intérieur et leur vente dans les provinces du littoral, où ne vient plus ni arbre ni broussailles; et, d'autre part, l'industrie pastorale créée dans ces dernières régions par la production de nombreux troupeaux de bétail. Ce serait m'éloigner beaucoup trop de mon sujet principal que de parler des précieuses essences de bois que la construction navale trouverait dans les majestueux et séculaires urundey, cedro et lapacho; d'un autre côté, j'aurais à indiquer à l'industrie des chemins de fer l'utile et incorruptible quebracho, et à l'ébénisterie les variétés de bois les plus estimées. Je dois me borner, quant à présent, à traiter avec quelques détails des pâturages naturels, qui, dans la zone du littoral, remplacent pour ainsi dire les forêts vierges de l'intérieur et servent à former ces immenses fermes qu'on y exploite sous le nom d'*estancias*.

IV. *Des estancias servant à la production des espèces bovine, ovine et chevaline. — a). Historique ; création des estancees.* — Quand, il y a trois siècles, les conquérants espagnols, à la suite de quelques aventuriers entreprenants, vinrent se fixer sur les affluents de ce fleuve dans lequel ils espéraient trouver un nouveau Pactole et que, pour cela, ils appelaient Rio de la Plata ou fleuve d'argent, ils furent bien déçus dans leurs espérances : ils eurent à lutter non-seulement contre le nombre et les piéges des Indiens qui échappaient à leur poursuite en s'enfonçant dans les bois, mais encore contre la faim et les privations de toute nature. Les plaines immenses qu'ils durent franchir, pendant des centaines de lieues, pour pénétrer dans l'intérieur du continent ne renfermaient ni gibier, ni aucune espèce animale dont ils eussent pu se nourrir. Le tapir, le pécari, le lama et la vigogne ne vivent que dans le voisinage des Andes; les grandes espèces de cerfs, le guazu-pucu habitent les îles boisées des cours d'eau de l'intérieur, et les gallinacées, dont la chair succulente pourrait être recherchée, le hocco, la gelinotte, les yacus et moytus ne se reproduisent que dans leur retraite des forêts impénétrables; les régions basses et les pampas logent cependant, dans de vastes galeries souterraines, une espèce de lapin, la viscache, dont la chair pourrait servir d'aliment, et elles sont parcourues par des troupes de nandous, ces petites autruches que les Indiens chassent surtout pour la plume.

Pour combler le vide au milieu d'une si riche nature, et rendre ces plages moins inhospitalières, les nouveaux venus ont dû songer bientôt à s'entourer des animaux domestiques de l'ancien monde ; et, tout en créant ainsi la base de la prospérité actuelle de ces pays, ils ont résolu le premier et plus grand problème de l'acclimatation des êtres. C'est en l'an 1555 que le Portugais Goas amenait sur les rives de la Plata le premier troupeau de bêtes à cornes. Ce troupeau se composait de huit vaches et d'un taureau. Eh bien, l'accroissement et la multiplication de ce bétail ont marché avec une telle rapidité qu'aujourd'hui un calcul approximatif permet d'en porter le chiffre à 15 millions! Ce nombre aurait été plus considérable encore à l'époque où les jésuites possédaient les missions ; le Paraguay, qui ne nourrit plus que de fort rares troupeaux, en contenait alors une plus grande proportion que la république orientale de l'Uruguay n'en compte actuellement. Ce dernier État et les provinces argentines voisines des grands cours d'eau renferment les grandes fermes ou estancias où se fait l'élève du bétail.

Une estance est une grande étendue de terres couvertes de pâturages épais et sans cesse renaissants dans lesquels vivent et se développent en pleine liberté des troupeaux d'animaux des espèces bovine,

ovine et chevaline. Les terres qui conviennent le mieux à cette destination, ce sont celles qui sont imprégnées de matières salines, comme
celles de quelques districts de la bande orientale de l'Uruguay, dont
le sous-sol est constitué d'argiles ou de marnes argileuses qui retien-
nent l'eau et maintiennent les couches végétales dans un certain état
d'humidité; celles qui s'étendent le long des rivières, des ruisseaux,
des ravins, qui sont exposées à des irrigations naturelles et régulières
et qui, à toutes les époques de l'année, ont assez d'eau pour abreuver
les animaux. Le manque d'eau et les sécheresses souvent si prolon-
gées dans ces pays sont les plus grands fléaux de cette industrie.

Les estances se mesurent à la suarte, qui est une étendue de terrain de 3/4 de lieue en largeur et en profondeur. Les grandes estances
sont de 10, de 20 et même de 30 suartes, d'une seule contenance;
mais ces propriétés deviennent de plus en plus rares, par suite du
prix élevé qu'elles ont atteint. Les plus communes, celles qui sont
destinées au gros bétail, où l'on élève également des chevaux et des
mules, ont toujours quelques lieues de superficie. La plus grande que
j'aie visitée avait 9 lieues; elle renfermait 10 000 animaux de l'espèce
bovine, plusieurs centaines de chevaux et environ 12 000 moutons.
On admet qu'une suarte de terrains à pâturages peut nourrir 1 000
têtes de gros bétail, que deux suartes en nourrissent 3 000 et 3 suartes de 5 à 6 000, ainsi de suite. Les estances à moutons exigent beaucoup moins d'étendue de terrain; elles n'ont pas, en général, plus
d'une suarte, surtout les nouvelles. Autrefois, quand le sol avait une
valeur moindre, les fermes étaient aussi plus grandes. La suarte, qui
valait de 5 à 8 000 fr. il y a une dizaine d'années seulement, se paye
aujourd'hui de 100 000 à 150 000 fr.

Les pâturages des estances sont naturels; ils sont formés de toutes
espèces de graminées, de labiées, de trèfles et d'une foule de légu-
mineuses, suivant la nature du terrain; les parties humides sont plus
riches en joncs et autres variétés de cypéracées. Mais les meilleures
terres se reconnaissent à l'abondance et à la taille élevée d'une grande
espèce de chardon, qui atteint jusqu'à une hauteur de 2 mètres et
plus. Les animaux en mangent les feuilles pendant l'hiver; mais ils
aiment surtout à se cacher dans ces forêts de chardons pour échapper
à la chasse qu'on leur fait et aussi pour y chercher un peu d'ombre
en été, et se soustraire aux mouches qui les persécutent tant pendant
la saison chaude. On en tient éloignés les moutons, qui y déchireraient
leurs toisons; on cherche surtout à ne pas les laisser fréquenter les
parties couvertes d'une espèce de bardane appelée *abrojo* dans le pays,
dont le fruit s'attache à la laine et même aux poils des chevaux et du
bétail. Le chardon sec est coupé; il sert de bois dans les pampas. Un

seul grand arbre du port de notre noyer, l'*ombu* (ficus ombu) se montre par groupes dans ces vastes plaines ; son feuillage épais donne un ombrage bien recherché, mais son bois tortueux et spongieux n'est d'aucune utilité. Cet arbre sert d'abri au voyageur, et dans les estances on le choisit comme point de ralliement.

Dans les estances de l'intérieur, sur le haut Parana et au Paraguay, où la chaleur de l'été est plus intense, les animaux trouvent des abris dans les bois ; mais la surveillance y est plus difficile et les soins, en même temps, doivent être plus assidus. Les insectes, les mouches et les chaleurs y tourmentent beaucoup le bétail ; aussi celui-ci est en général plus chétif, plus grêle et plus maigre que celui du littoral ; il est surtout bien inférieur au bétail des régions riveraines de la république orientale de l'Uruguay, qui, il est vrai, fournissent la plus belle et la meilleure race de la Plata. Toutefois, ces fermes qui sont ouvertes de toutes parts, qui ne sont délimitées que par des bornes ou des poteaux, quelquefois par un ravin, un ruisseau, une mare d'eau, et c'est une des meilleures conditions, ne sont pas seulement envahies par les troupeaux du voisinage si les pâturages y sont plus abondants et de meilleure qualité, mais elles sont surtout exposées à des ennemis de toute nature : les chiens nomades, pour ne pas dire sauvages, rôdent autour des estances et cherchent à surprendre les plus jeunes et les plus faibles animaux des troupeaux ; l'once ou le jaguar, ce terrible et courageux tigre de l'Amérique, choisit sa proie parmi les jeunes chevaux, les juments, les moutons et les génisses ; pressé par la faim, il s'attaque également aux bœufs et aux taureaux, mais il n'assaillit que rarement l'homme, et cependant il suit ses traces et ses caravanes [1].

Le lion d'Amérique, le couguar, moins brave que le jaguar, fait les plus grands ravages parmi les troupeaux de moutons. Mais les ennemis les plus redoutables des estances de l'intérieur et même de celles

---

[1] Pendant une nuit d'orage que j'ai passée dans un campement d'Yerbales, au milieu des forêts vierges du Paraguay, le voisinage des tigres vint jeter l'épouvante au milieu de nos chevaux, et nos chiens se réfugièrent jusque entre nos jambes ; mais le bruit et les feux promptement attisés nous débarrassèrent de ces hôtes importuns. Le matin nous trouvâmes des traces de leurs évolutions jusqu'à l'entrée de nos huttes. Les voyageurs qui ont parcouru ces pays savent combien il est dangereux de chasser le jaguar. Rengger, rencontrant un jour, assis sur un arbre, un tigre, lui déchargea deux coups de fusil ; l'animal, grièvement blessé, saute à terre, se redresse pour se précipiter sur l'imprudent chasseur, au moment où son compagnon, le docteur Longchamp, lui envoie une balle dans la poitrine et l'étend mort.

Cependant il y a des hommes, des Indiens surtout, qui attaquent le tigre, lequel se lève toujours sur ses pattes de derrière pour lutter ; à ce moment le chasseur, ayant le bras gauche enveloppé d'une peau de mouton l'enfonce dans la gueule de l'animal, en même temps que de la main droite il lui plonge sûrement son long couteau dans le cœur. On m'a montré de ces chasseurs, ils ne manquent jamais leur coup, disent-ils.

de la province de Buenos-Ayres, ce sont les Indiens, qui, dans leurs incursions, enlèvent des troupes de bétail et de chevaux, ne respectant même pas, quand ils sont en nombre, la vie des fermiers.

Les seules dépenses qu'occasionne l'installation d'une estance, ce sont, en outre de l'acquisition du bétail souche, la construction d'un rancho, espèce de cabane couverte en chaume qui sert de logement au régisseur qu'on appelle *Capataz*, chef, ou au propriétaire lui-même. Les garçons de ferme, ou *peones*, se rassemblent dans une hutte voisine, où ils vivent en commun ; ils dorment souvent en plein air, enveloppés dans leurs épais *ponchos*, manteaux de laine. Ces cabanes sont plantées à peu près au centre de la propriété et, autant que possible, sur une éminence ou au moins sur la partie la plus saillante. Deux ou plusieurs *corrals*, enceintes fermées par de hautes et solides palissades, sont placés tout auprès ; on y fait entrer quelquefois les animaux, soit pour les soigner ou les vendre, soit pour en choisir, soit pour les habituer seulement à l'obéissance. Les moutons y sont mis en sûreté pendant la nuit.

b) Estances pour l'élève du gros bétail. — Il n'existe que deux espèces d'estances, celles qui sont destinées au gros bétail, à l'espèce bovine, et celles où l'on élève les moutons. Les premières ont toujours plusieurs lieues d'étendue ; elles n'ont jamais moins de trois ou quatre suartes. Pour les former on y établit d'abord quelques animaux domestiques qui sont habitués à se laisser conduire, et on leur associe, peu à peu, l'espèce qu'on cherche à y propager ; cette première époque exige une grande surveillance, parce que le bétail qui est ainsi transféré tend à retourner au lieu de sa naissance, malgré l'abondance et la bonne qualité des pâturages nouveaux. Il a d'ailleurs à s'habituer aussi à la voix de gardiens encore inconnus ; tout cela l'intimide et le rend farouche. Mais pour le familiariser avec le nouveau milieu, on le rassemble d'abord deux fois, puis une fois par semaine, et toujours dans le même endroit et en plein air ; c'est ce qui s'appelle faire le *rodeo* ou rassemblement. Les animaux finissent par connaître tellement bien ces points, et les plus âgés guident les plus jeunes, qu'aux jours de rassemblement il suffit aux gardiens de parcourir l'estance, en poussant certain cri, pour voir ces animaux épars accourir de tous côtés, et se diriger par familles, par bandes, vers leur rodeo habituel. Il faut peu de temps pour former un de ces noyaux. Un rassemblement se compose de 12 à 1 500 têtes de bétail, rarement on en réunit jusqu'à 2 000, à cause de la difficulté de les surveiller et de les passer en revue. Plus tard, au bout d'un mois ou deux, le rodeo se fait moins souvent et seulement pour surveiller l'état de santé ou de prospérité du troupeau, mais on en

profite aussi pour marquer les jeunes animaux ou ceux nouvellement
acquis. La marque est le seul signe de propriété, et tout animal, bœuf,
vache, génisse, cheval, mule et mouton doit être marqué. En général cette opération se pratique en même temps que la castration, et
ces époques sont des espèces de fêtes dans les estances. La castration des taureaux ne se fait qu'à l'âge de 2 ans et même parfois à
2 ans 1/2. Les éleveurs croient que, quand cette opération est pra-
tiquée dans un âge trop peu avancé, elle arrête le développement de
l'animal. Autrefois dans les missions des jésuites on châtrait à 1 an
les taureaux dont on voulait former des animaux de boucherie, à
3 et même à 4 ans seulement ceux qu'on destinait au labour.

Quoique ces animaux vivent constamment en plein air, suppor-
tant les pluies, les orages et endurant les chaleurs et la sécheresse, ils
sont cependant très-doux et c'est bien à tort qu'on les qualifie parfois d'animaux sauvages. J'ai parcouru, pendant des journées entières,
des fermes pleines de troupeaux, et jamais je n'ai observé d'hostilité;
j'en ai vu lacer et traîner par des chevaux, poussés par des peones et
jamais je n'ai entendu parler d'attaques. Il est bien entendu que
toutes les courses dans les estances et toutes les opérations se font à
cheval, et que le gaucho, ce nomade si bon cavalier, manie le lazo et
conduit les troupeaux à cheval. Du reste d'Azara avait déjà dit que
les vaches sauvages et domestiques de ces pays ne diffèrent de celles
d'Andalousie et de Salamanque qu'en ce qu'elles ont moins de férocité.

Le bétail de la Plata est de taille petite, surtout dans les provinces
de l'intérieur et même dans celle de Buénos-Ayres; il est sensiblement plus grand sur le littoral et dans toute la république de l'Uruguay; il a l'œil vif, il est agile et il court très-bien. La vie en pleine
liberté, au grand air le rend très-fécond; les génisses portent déjà
à 2 ans et donnent des veaux bien conformés qui se développent rapidement, quoique leurs mères paraissent souvent chétives. Les vaches
ne semblent même pas pouvoir allaiter leurs veaux tellement leurs
pis sont petits et leurs trayons presque imperceptibles; cependant
il n'est pas rare de voir des veaux de 6, de 9 mois, et même d'un
an qui tettent encore leur mère. Cette multiplication de l'espèce
marche avec une telle rapidité que les troupeaux se trouvent doublés
en 3 ans, et sans nuls soins, sans autre intervention que la surveillance peu active et qui est presque impossible dans ces pays si vastes
et si peu peuplés. Il est tout naturel de penser que cette industrie
deviendrait plus prospère encore si elle était entourée d'une sollicitude plus éclairée, si les espèces animales étaient choisies et par-
quées suivant la nature des pâturages, et si les types étaient renouve-
lés, variés et croisés.

Il résulte de mes informations, puisées auprès des possesseurs de grands troupeaux de bétail, que jamais le cow-pox ne se serait développé parmi les millions d'animaux de l'espèce bovine vivant toujours dans les estances de la Plata ; que jamais il n'aurait régné d'épidémie parmi eux ; que s'il en succombe parfois d'énormes quantités, pendant les sécheresses très-grandes et de longue durée, cela n'est que la conséquence de la faim et de l'épuisement. Cette immunité ne plaide-t-elle pas en faveur de l'élève du bétail en pleine liberté et en plein air? Cela me paraît d'autant plus digne d'attention que, d'un autre côté, j'ai appris aussi que, dans les fermes d'exploitation, les vaches laitières qui vivent dans les étables sont sujettes à toutes les mêmes maladies que nos espèces européennes, et qu'il n'est pas très-rare de trouver sur leurs trayons des gerçures et des ulcères. Je n'en ai pas vu moi-même.

x) Estances pour l'élève de l'espèce ovine. — S'il est vrai que le mouton d'Espagne a été introduit dans la Plata en même temps que l'espèce bovine, il est à constater qu'il n'a jamais été l'objet d'aucun soin dans ces pays; qu'il s'est multiplié comme il a pu, dans les champs, autour des estances, et que loin de se perfectionner ou de se soutenir seulement, il a dégénéré ; on ne connaissait de valeur qu'à sa peau garnie de laine dont on se servait, comme on s'en sert encore aujourd'hui, pour couvrir la selle ; ses os étaient calcinés, dans certaines provinces de l'intérieur, et on en préparait une espèce de chaux; sa chair qui est encore fort peu estimée et consommée seulement dans les villes de Buenos-Ayres et de Montevideo, était abandonnée aux chiens et aux oiseaux de proie. Ce n'est guère que depuis une vingtaine d'années que des fermiers nouvellement émigrés de l'Europe ont porté leur attention sur l'élève du mouton : on les a réunis en troupeaux distincts, sous la garde de peones spéciaux ; on leur consacre dans l'estance des districts particuliers, les plus élevés et les plus secs, en ayant soin de les tenir loin des plantes épineuses qui, en s'attachant à leur toison, pourraient détériorer leur laine. Le prix de ce produit augmentant d'année en année et les laines de la Plata ayant acquis une certaine réputation sur les marchés d'Espagne, les estanciéristes comprirent dès lors qu'ils ne devaient plus négliger leurs troupeaux de moutons, dès lors aussi on chercha sérieusement à perfectionner la race.

L'espèce ovine commune, devenue indigène dans la Plata, est de petite taille, les jambes sont basses, mais le corps n'est pas trop ramassé ; sa laine est frisée, d'un jaune luisant; elle s'étire, elle est courte et grosse, mais élastique et assez propre. La tonte, qui se fait une fois par an, au printemps, ne donne pas, en moyenne, un kilogramme par tête. Mais, en outre de ce revenu annuel, la multiplication de l'espèce est tellement assurée dans ces pays que les troupeaux se trouvent doublés tous les deux ans, et cela arrive malgré les pertes considérables dues à l'incurie et à la négligence même des gardiens. Les troupeaux restent dehors jours et nuits, comme le gros bétail, souvent même en pleins champs, confiés à la défense des chiens : cependant, depuis quelques années, les moutons sont ramenés le soir vers les ranchos de l'estance et enfermés dans un corral humide et boueux ; ce qui est très-fâcheux encore, pendant l'hiver et les fortes averses d'eau, car alors les petits meurent en grand nombre.

Tout cela a bien un peu changé aujourd'hui, par suite de la valeur que la laine a acquise et par le croisement qu'on opère avec deux variétés de mérinos qu'on fait venir à grands frais de l'Europe. On a créé des estances particulières pour l'espèce ovine ; et, comme elles n'ont guère plus d'une suarte d'étendue, on peut les former dans de bonnes conditions et pas trop loin des grands centres ; comme, d'un autre côté, cette industrie produit près de 50 p. 100 (elle pourrait même rapporter davantage), et que la branche déjà ancienne, l'élève du gros bétail, qui exige de vastes propriétés et une certaine mise de fonds, ne donne même plus 30 p. 100 (surtout pendant ces temps de troubles et de guerres civiles !), presque tous les capitaux consacrés à l'industrie pastorale sont employés à former des estances pour l'espèce ovine. D'ailleurs une lieue de pâturages suffit pour 8 à 10 000 moutons ; un berger avec 2 ou 3 pâtres, quelques chevaux et des chiens, c'est tout ce qu'il faut pour créer une semblable estance. Le personnel augmente dans la même proportion avec le nombre des troupeaux.

J'ai visité des estances où il y avait 40 000 têtes de moutons indigènes et un millier de métis. Ceux-ci proviennent principalement du croisement avec la petite espèce de mérinos de Saxe, qu'on recherche non pas seulement parce qu'elle a une laine fine, mais aussi parce que sa petite taille semble plus en rapport avec celle de la variété indigène. Depuis ces dernières années, cependant, on a reconnu que la quantité et la qualité de la laine des métis issus de ce croisement n'étaient pas en rapport avec les espérances que des spéculateurs allemands en faisaient concevoir ; j'ai pu faire constater même à plusieurs producteurs que cette laine fine, mais courte, donne de grands déchets, parce que le bout, l'extrémité libre du brin de laine est fendillée en pinceau et qu'alors le fil perd de son élasticité ; ceci arrive probablement sous l'influence des fortes chaleurs, des pluies et de la poussière de ces pays.

Mais les intérêts des particuliers étaient trop engagés dans cette production de la laine pour qu'on ne songeât pas à essayer en même temps le croisement avec le mérinos français, notre grand rambouillet, qui n'est pas seulement supérieur par sa chair, mais qui donne aussi une laine plus longue, quoique moins fine que celle du mérinos saxon. — On a été fort étonné de voir, d'abord, que la brebis indigène supporte très-bien le robuste bélier rambouillet, et on a vu, avec une grande satisfaction, que le métis prenait de la taille et de la toison du père. La laine de ces métis est plus longue, plus élastique, plus résistante, plus abondante que celle du produit du croisement avec les mérinos saxons. Les marchés de l'Europe en apprécieront bientôt les différences, et alors les détracteurs trop intéressés des rives de la Plata seront bien obligés de se rendre.

Ces croisements sont encore à l'état d'expérimentations dans les contrées sud-américaines ; ils marchent lentement, mais ils progressent. Les soins qu'ils exigent en rendent assez compte. La race anglaise dishley a été abandonnée presque aussitôt après qu'on a essayé de l'acclimater sur quelques points du continent platéen. Ces animaux ont une certaine valeur. Les négrettis sont surtout recherchés à Buenos-Ayres, où les Allemands les font valoir; mais il y a aussi des rambouillets, quoique ceux-ci soient plus appréciés à Montevideo et dans la république orientale de l'Uruguay. Leurs métis valent plusieurs centaines de francs. Il est facile de comprendre que ces animaux, qu'on ramène tous les soirs dans la bergerie et qu'on place sous la garde de bergers capables, ne se développeront jamais dans la proportion des moutons indigènes, qui n'exigent que peu de soins et peu de surveillance. — D'ailleurs ceux-ci paraissent également exempts d'épizooties et même de la clavelée, conséquence probable de leur vie en pleine liberté. La gale, qu'on attribue principalement aux grandes sécheresses et aux manque de pâturages, est le seul fléau parmi cette espèce animale.

d) De l'élève des chevaux et des mules. — Le cheval est l'auxiliaire indispensable du personnel des estances, mais il ne contribue pas moins à grossir le revenu de ces fermes. Comme toutes les espèces domestiques dont je viens de parler, il tire son origine de l'Espagne ; il en est de cette provenance comme de toutes les autres : la mère patrie n'a jamais envoyé dans sa colonie le choix, l'excellence de ses produits. Les chevaux de la Plata, qui ressemblent à ceux des Asturies, sont en moyenne de petite taille; leur tête est bien faite, quoique un peu forte ; leurs membres sont fins; leurs sabots, assez tendres, sont souvent déformés ; leur corps est un peu court et ramassé; leur robe est bien variée, rarement elle est d'une couleur franche et uniforme. Ils sont vifs, énergiques et pleins d'ardeur, et ils ne sont pas moins doux et obéissants; ils ne ruent pas et ne mordent jamais. Les chevaux grands services : ce sont elles qui charrient toutes les marchandises qui passent par Montévideo et Buenos-Ayres. On en produit moins aujourd'hui qu'autrefois ; cependant on en exporte encore plusieurs milliers par an au Brésil, à Bourbon et au Cap. Les voitures, les plus beaux équipages de Rio-de-Janeiro sont attelés de mules, et ces attelages, qui ne manquent pas de grâce, vous emportent avec une vitesse que nos meilleurs chevaux ne sauraient atteindre. Les mules, qui sont évidemment taillées pour la course, portent également de lourds fardeaux, et cela des journées entières ; elles sont plus particulièrement utiles pour la traversée des hautes montagnes et notamment pour celle de la Cordillière des Andes.

V. Conclusions. — De cette première partie de mes recherches relatives à la production si considérable des espèces domestiques, de gros bétail, de moutons, de chevaux et de mules, dans les estances de la Plata, je crois qu'il serait possible de tirer quelques conclusions pratiques, tendant à prouver que le problème social résolu dans ces contrées sud américaines est pareillement soluble chez nous, dans nos possessions algériennes.

L'industrie pastorale, telle qu'elle existe dans l'Amérique méridionale, ne convient qu'aux pays qui ont beaucoup d'étendue pour une très-faible densité de population, comme notre Algérie.

Le climat de l'Algérie est plus doux que celui du littoral de la Plata, il est en même temps plus égal ; il est moins chaud que celui du Paraguay, où abondaient cependant encore au commencement de ce siècle les troupeaux d'espèces bovine et chevaline.

N'y aurait-il donc pas lieu de penser que, dans nos possessions algériennes, il soit possible de trouver des pâturages pour toutes les saisons de l'année au delà des terres cultivées et cultivables, sur le versant des montagnes, dans les vallées arrosées et arrosables par suite d'un aménagement approprié des eaux torrentielles ?

Je crois cet espoir d'autant plus fondé, même en l'absence de toute espèce de recherches à cet égard, qu'à l'Occident et à l'Orient, au Maroc et dans la Tunisie, sous la même latitude que l'Algérie et dans les mêmes conditions topographiques, on élève de nombreux et beaux troupeaux des espèces bovine, ovine et chevaline.

Les terrains propres à former des estances en Algérie comprendraient des parties basses et des parties élevées, comme dans la république de l'Uruguay ; mais situées au delà des terres défrichées, ils renfermeraient des zones boisées en même temps que des plaines. Les fermes seraient placées sur une rivière, sur un ruisseau, ou près d'une masse d'eau quelconque ; elles auraient une lieue seulement d'étendue en surface, et le personnel préposé comme gardien serait échelonné sur la lisière de la propriété même, où il cultiverait une certaine portion de terrain ; il deviendrait ainsi éleveur et gardien de bétail, en même temps qu'il serait colon agriculteur.

Cette industrie toute pastorale, qui n'exige presque point de frais d'installation, les animaux vivant et se développant en plein air tout aussi bien que sur le littoral de la Plata, et les propriétés n'ayant que peu de valeur, promet de sérieux bénéfices qui appelleraient en Algérie de nouveaux et nombreux colons.

Je n'ignore pas les difficultés que peut rencontrer la solution pratique de ce problème social, qui n'est cependant qu'un corollaire de ce que les Espagnols ont fait, il y a trois siècles, dans leurs possessions sud-américaines ; mais pour soutenir les défaillances ne suffit-il pas de se rappeler que cette question intéresse, au plus haut point, l'hygiène alimentaire, la régénération de notre race chevaline et le développement d'importantes branches d'industrie ?

DEUXIÈME PARTIE.

Conservation des viandes.

I. HISTORIQUE. — QUALITÉS DE LA VIANDE. — Il a fallu que le petit troupeau de neuf bêtes à cornes, implanté dans la colonie espagnole de la Plata, s'y acclimatât facilement et vite, puisque nous voyons qu'au commencement du dix-huitième siècle, les voyageurs trouvent déjà, dans certaines réductions des jésuites, des centaines de mille têtes de bétail. Alors même, l'abondance était tellement grande, qu'un bœuf, dans l'Entre-Rios ou la Mésopotamie Argentine, se payait un réal, c'est-à-dire moins d'un franc. Dans la mission de Yapeyu, où les franciscains employaient sept mille Indiens Guaranis, on abattait, pour leur nourriture, tous les jours, quarante bœufs ; on estime qu'à cette époque cinq cent mille animaux de l'espèce bovine étaient élevés dans cette seule réduction. Quoique ces populations ne se nourrissent que de viandes, on abat encore aujourd'hui un grand nombre d'animaux rien que pour la peau, qui, à l'intérieur, sert à peu près à tous les usages de la vie ; mais celle-ci forme un des articles les plus importants pour l'exportation. Ainsi, d'Azara nous apprend que, de son temps déjà, la vice-royauté de Buénos-Ayres envoyait, chaque année, un million de peaux ou de cuirs en Espagne ; et, en outre, dit-il, les troupeaux servent à tous les besoins des habitants du pays. Les chevaux et les moutons n'étaient probablement pas moins abondants, puisque nous voyons ces animaux servir parfois à chauffer les fours à briques dans les pampas de Buénos-Ayres, où le bois manque complétement.

vivent par bandes ou par familles, sous la protection d'un étalon qui les tient isolés des bêtes à cornes, des moutons et des autres troupes de chevaux, dans la même estance, comme il les défend contre les étalons du voisinage qui cherchent à détourner les juments. Ces animaux vivent constamment au dehors, ils ne mangent jamais que de l'herbe, et beaucoup, même apprivoisés et employés aux services journaliers, ne s'habituent jamais à manger du maïs, qui est le principal aliment des chevaux dans les villes de la Plata. Aussi ces chevaux purement herbivores s'épuisent-ils assez vite et, même en les laissant dans d'excellents pâturages, pendant la nuit seulement, ils ne peuvent endurer de longues courses pendant plusieurs jours de suite. On change pour cela tous les jours de cheval dans les voyages qu'on fait dans l'intérieur du pays. On ne comprend pas trop comment persiste, dans toute la Plata, ce singulier préjugé de ne pas monter les juments ; celles-ci ne servent qu'à la reproduction, et quand elles sont trop abondantes ou vieilles, on les tue pour en avoir la peau et la graisse.

Les poulains sont châtrés à l'âge de 14 à 15 mois et marqués ; ils ne sont domptés qu'après l'âge de 5 ans. Mais il ne faudrait pas croire que jusqu'à cette période ils soient sauvages ; on ne peut désigner ainsi que ces animaux qui ne connaissent pas la voix de l'homme, qui n'ont jamais été ramenés dans un corrale et qui ont toujours échappé au *lazo* et aux *bolas*. Du reste, par chevaux sauvages, il faut entendre ceux qui ont échappé à la surveillance des estances et qui errent en toute liberté sur les dernières limites de quelques provinces de l'intérieur ; ce sont eux qui cherchent à emmener les chevaux domestiques, surtout les juments ; on leur fait la chasse et on finit par en prendre souvent par bandes. J'en ai vu amener dans les abattoirs de Buenos-Ayres ; ils sont petits, gras, d'un poil châtain ou bai brun, leur œil est vif, leurs oreilles petites ; une crinière longue et épaisse couvre le cou et la tête ; leur queue, bien garnie, est traînante et souvent remplie de chardons et de fruits épineux ; ils sont très-craintifs et très-farouches. Quoiqu'ils descendent de la race andalouse, dit d'Azara, ils n'en ont ni la taille, ni l'élégance, ni la force, ni l'agilité. « Mais qu'ils sont beaux quand on les voit courir à travers les estances, les uns à la file des autres, la tête libre et portée haut, la crinière flottant au vent ! »

Une industrie très-féconde existe encore dans les estances de la Plata, c'est celle de la production des mules qu'on élève aujourd'hui, surtout sur le littoral. Ces métis sont d'une taille petite, comme les juments ; mais ils sont gracieux, vifs et sobres ; leurs jambes sont fines et grêles ; cependant leur sabot est dur et bien fait. Les mules, qui sont infatigables avec une maigre nourriture, rendent les plus

Cette industrie ne jouit cependant pas d'une prospérité qui est croissante d'une manière continue; il arrive des périodes de sécheresse qui, en été, brûlent les pâturages et les détruisent jusque dans leurs racines ; en hiver, alors, on voit les animaux errer dans ces plaines immenses, sans trouver d'aliments et sans pouvoir s'abreuver, et des troupeaux entiers périssent de faim et de soif. Les pertes sont plus considérables encore quand deux années de sécheresse se suivent. Les animaux qui ont beaucoup souffert ne se remettent pas tous quand les pâturages reverdissent; un grand nombre restent chétifs, misérables et inféconds. Il faut trois ou quatre années, toute une nouvelle génération, pour réparer ces pertes. De là aussi le prix plus élevé du bétail. Mais il est un fléau non moins grave, non moins ruineux, et assez commun dans ces contrées sud-américaines, depuis les premières années de ce siècle, depuis les guerres de l'indépendance ; ce sont les troubles, les révolutions, les désordres continuels, le règne de l'anarchie, qui s'est implanté, depuis lors, sur les rives de la Plata. La haine des partis, les rivalités jalouses entre les villes et les provinces insurgent sans cesse les uns contre les autres, dévastent les campagnes, ruinent les fortunes et détruisent, pour plusieurs années, l'industrie pastorale et le commerce qui en dépend.

Déjà la république de l'Uruguay commençait à réparer les désastres causés par un nouveau siége de Troie, par ce mémorable siége de Montévideo, qui dura neuf ans; le calme et la paix, rétablis depuis 1854, appelaient les émigrants européens dans le pays; les campagnes se peuplaient de troupeaux ; l'industrie reprenait son essor, et les échanges avec les autres parties du monde se poursuivaient avec activité, quand, au commencement de l'année 1863, la guerre civile s'est rallumée tout à coup. Dans ces luttes, les intérêts les plus sacrés se trouvent compromis ; les partis ne respectent nulle propriété ; les chevaux sont ramassés dans les fermes comme contribution de guerre; les belligérants et les brigands, qui se joignent à eux par l'appât du pillage et du vol, s'établissent dans les estancias, et s'y maintiennent tant qu'ils trouvent des vivres, et que les pâturages suffisent pour leurs chevaux. Ainsi les assaillants et les défenseurs de l'ordre établi se nourrissent de la viande des troupeaux, et, le plus souvent aussi, ils vendent à leur profit les peaux des animaux. Combien de fois n'ai-je pas entendu les gens paisibles et honnêtes appeler, de leurs vœux les plus ardents, l'intervention d'une puissance européenne pour les mettre à l'abri contre l'anarchie et la guerre civile !

Malgré toutes ces causes de perturbation sociale, et l'immense découragement qu'elles laissent après elles, l'industrie pastorale de la Plata se relève toujours, et cela avec une activité étonnante ; c'est qu'elle est douée d'une grande vitalité, et qu'elle possède tous les éléments de prospérité. Il y a peu de pays qui, sous ce rapport, soient aussi bien dotés par la nature [1]

A mesure que la multiplication du bétail, dans le cours du siècle dernier, dépassait les besoins de la population, on voyait sa valeur diminuer et descendre même au point de ne plus représenter, parfois, que celle de la peau de l'animal. Le cuir formait alors à peu près le seul article de commerce de ce pays. Il n'existait pas encore de débouchés sérieux pour sa viande, qui était d'autant plus dépréciée. Elle est cependant de bonne qualité : sa fibre est fine, tendre, succulente et agréable, quoiqu'elle ait un certain goût de venaison, que je ne peux autrement définir qu'en disant qu'il exagère l'odeur de notre bœuf domestique. C'est du reste un goût auquel on s'habitue facilement. Cette viande donne un bouillon pâle, limpide et très-aromatique ; son odeur et sa saveur sont très-agréables, et rappellent un peu le goût de notre bouillon de poule. On prétend, et avec raison, selon moi, que la viande de ces animaux, rôtie avec la peau, est le mets le plus délicieux qu'on puisse manger. Et c'est cet excellent aliment qu'on abandonnait autrefois aux animaux immondes et aux oiseaux de proie, et qu'on perd encore aujourd'hui dans quelques-unes de ces régions sud-américaines !

II. Dessiccation a l'air et sans sel. — Carne seca ou dulce. — Le procédé de conservation des viandes le plus anciennement répandu dans les contrées sud-américaines, et que les Espagnols ont peut-être déjà trouvé en usage parmi les Indiens, pour conserver le produit de leurs chasses, consistait à couper la viande en lanières minces et longues, à les exposer au soleil et aux courants d'air, jusqu'à ce qu'elles fussent parfaitement sèches ; la viande se conservait ainsi des mois entiers dans l'intérieur des ranchos, et cela sans le secours d'aucune substance étrangère, sans l'emploi même du sel. Ainsi préparée, la viande s'appelait *carne seca* ou *carne dulce*. D'Azara nous apprend que, lors de son voyage en Amérique, pour traverser les pays de l'intérieur, où le bétail manquait, on faisait

[1] Les renseignements officieux que je viens de recevoir de notre représentant auprès des principautés moldo-valaques, M. Tillos, et ceux qui me sont arrivés, d'autre part, du gérant du consulat de France à Galatz, M. Bastaing, m'apprennent que ces contrées possèdent des troupeaux tellement nombreux qu'elles peuvent livrer au commerce de la boucherie, chaque année, environ 500,000 animaux de l'espèce bovine, et plus d'un million de moutons et de chèvres. D'un autre côté, mon ami M. J. Schefer, consul à Trébizonde, m'informe également que cette partie de l'Asie Mineure, et principalement le Kurdistan, sont remplis de troupeaux de bétail, et qu'on en exporte, tous les ans, près de 200,000 animaux. Les richesses des provinces danubiennes profitent à l'Autriche, mais celles de l'Asie Mineure sont encore méconnues.

d'avance une provision de viande de vache que l'on coupait par petits morceaux de la grosseur du doigt et fort longs. On les faisait sécher au soleil et on en chargeait les chevaux. On la mangeait rôtie avec des broches de bois. Cet usage existe encore dans les provinces de l'intérieur et en Paraguay, quand il s'agit de faire des réserves pour la saison des pluies, mais seulement dans les familles aisées. J'en ai mangé dans un village des environs de l'Assomption, chez un brave curé de campagne, qui voulait ainsi reconnaître les conseils que je donnais aux malades de sa paroisse. Les lanières de viande coupées en petits fragments cubiques de la grosseur d'une noix, et rôties, sont d'une dureté telle qu'il faut de bonnes dents pour les entamer ; elles ne sont pas salées et elles n'ont pas de goût ; mais, bouillies avec des légumes, elles communiquent à ceux-ci une saveur assez agréable, et un goût qui rappelle un peu le lard vieux ; mais après la cuisson, la fibre musculaire elle-même ne conserve plus ni goût ni saveur.

Au Chili et dans quelques provinces du Brésil, la viande séchée est pulvérisée grossièrement, et c'est à cet état qn'on la fait cuire avec la farine de manioc.

Cette manière de conserver la viande, en la desséchant par petits fragments, paraît être un moyen propre aux pays chauds où il y a abondance de bétail ; car j'ai appris, en Égypte, par des voyageurs qui avaient pénétré jusqu'en Abyssinie, que le même procédé était encore usité dans ce dernier pays. Il est un fait d'ailleurs que j'ai vérifié dans les contrées sud-américaines ; c'est que la viande fraîche peut rester plusieurs jours, des semaines entières, exposée au grand air, sans se décomposer, sans se corrompre. J'ai vu, chez un boucher de Montévideo, un quartier de génisse qui est resté pendu à un arbre du jardin pendant 18 jours ; on en coupait tous les jours un morceau, pour les besoins du ménage, et, le dernier jour, la viande ne paraissait pas moins fraîche que le premier, mais elle était infiniment plus tendre. C'était en été, et le temps était toujours sec. Cependant je n'ai pas été moins frappé de voir, pendant mon voyage sur le Parana et le Paraguay, que les quartiers de bœufs frais, pendus sur le pont et exposés, jours et nuits, aux alternatives de chaleurs tropicales, d'air lourd, humide, et de pluies chaudes, influences que nous sommes habitués à considérer comme essentiellement favorables à la décomposition des matières organiques, eh bien, cette viande se conservait fraîche, pendant cinq à six jours, et je la trouvais aussi bonne en arrivant à l'Assomption qu'en partant de Buenos-Ayres. Ne serait-on pas tenté de croire, devant des faits de cette nature, que les conditions atmosphériques, climatériques de ces pays chauds, de ces régions tropicales agissent sur les substances organiques d'une manière différente que dans notre zone tempérée ?

La dessiccation de la viande à l'air libre est certes un excellent moyen de conservation, puisqu'elle n'enlève à cet aliment qu'une certaine proportion d'eau, par une lente évaporation, sans le secours d'aucun agent chimique ou mécanique ; mais, dans cet état, la viande ne peut résister que pendant un temps limité à l'action décomposante du milieu ambiant ; elle exige des soins minutieux et elle doit être consommée sur place, ou du moins elle ne pourrait être expédiée à de grandes distances. C'est cependant la voie naturelle, la plus simple, la plus économique à tenter, en présence de ressources prodigieuses et presque stériles. C'est elle qui, par des modifications et combinaisons variées, a conduit à une industrie toute nouvelle dans ces pays, je dirai même particulière à la Plata ; je veux parler des *saladeros*. Ces établissements se sont fondés, en effet, dans le but de tirer le meilleur parti possible des troupeaux de bétail qui encombrent le pays, en préparant les peaux, la graisse et la viande de ces animaux, pour les convertir en autant d'articles de commerce.

III. SALADEROS. — L'industrie des *saladeros* ou saladères occupe de beaucoup le premier rang de toutes celles des contrées sud-américaines, sous le rapport de son importance immédiate, par les grands capitaux qui y sont consacrés, par les ressources qu'elle offre à une population ouvrière nombreuse, comme au point de vue des relations commerciales et sociales de ces pays avec les autres parties du monde. Elle est née et elle devait naître d'une production exubérante qui, n'étant pas transformée, restait stérile ou infructueuse ; elle avait donc à donner de la valeur, une valeur commerciale, à des produits nouveaux pour ces pays. La solution pratique de ce problème exige, d'une part, une économie de temps, de bras et de capitaux, et, d'autre part, des débouchés vastes et assurés, toutes conditions qui laissent encore beaucoup à désirer, comme cela ressort de ce qui suit.

Considérés en eux-mêmes, les saladères méritent d'être étudiés quant à leur organisation, à leurs opérations et à leur rendement.

1. *Organisation des saladères.* — Certaines conditions président au choix de l'emplacement dans la création d'un saladère. L'expérience a démontré que ces établissements, à cause de leurs relations nombreuses avec l'étranger, et des difficultés, si ce n'est de l'impossibilité de communications suivies, rapides et sûres avec l'intérieur des continents, ne peuvent se fonder que sur les bords de la mer ou sur les rives des grands cours d'eau accessibles aux gros bâtiments du commerce ; mais, d'un autre côté, ils ne doivent cependant pas être

trop éloignés, pour des raisons que j'indiquerai ci-après, des estancés ou des pâturages où vit le bétail. Ces dernières considérations sont souvent un peu trop sacrifiées. Sur les vingt-sept saladères de la république orientale de l'Uruguay, onze se trouvent dans le port même de Montévideo ou tout près ; mais il y en a beaucoup sur les rives de l'Uruguay et du Parana.

Le travail étant absolument le même dans tous les saladères, on y rencontre les mêmes dispositions : des *corrales*, trois enceintes successives, entourées de hautes et solides palissades, qui s'ouvrent l'une dans l'autre, et qui vont en diminuant de grandeur, depuis la première jusqu'à la dernière : des hangars, où se font l'abatage et le dépeçage des animaux, la préparation des peaux et la fonte des graisses : il y a enfin un terrain bien exposé au soleil et balayé par les vents où se fait la dessiccation de la viande.

2. *Opérations des saladeros.* — L'industrie des saladères n'est praticable que pendant la saison chaude et principalement pendant le temps sec. Ainsi le travail n'y commence qu'à l'époque du printemps, en octobre, dans les établissements de l'intérieur et de Montévideo, et seulement plus tard à Buenos-Ayres, qui est plus humide ; il se prolonge jusqu'en automne, jamais au delà du mois de mai. Tout cela est d'ailleurs soumis aux conditions spéciales du climat, à l'abondance du bétail, à la tranquillité du pays et aux engagements contractés avec le commerce étranger.

a). Abatage. — Puisqu'il est constant, en dehors des fléaux dont j'ai parlé, que les troupeaux de gros bétail se doublent tous les trois ans, l'intérêt des fermiers exige que les animaux qui ont atteint l'âge de 3 ans soient livrés aux abattoirs. Ceux-ci sont rarement plus âgés, mais il arrive quelquefois qu'on les sacrifie même auparavant. Les vaches cependant sont toujours moins jeunes.

Ces animaux sont expédiés sur pied dans les saladères ; ils viennent ainsi de 40, de 60 et même de 100 lieues et plus parfois. On préfère ceux qui viennent de très-loin, qui sont restés 10 ou 12 jours en route, à ceux qui n'ont marché que 2 ou 3 jours, parce qu'on sait que ceux-ci sont encore tout égarés, excités, surexcités et fatigués des courses auxquelles ils se livrent les premiers jours, quand ils arrivent à l'abattoir ; tandis que les autres ont eu le temps de s'habituer au voyage, qu'ils ont dû se reposer tous les soirs dans d'autres pâturages, qu'ils ont mangé et bu tous les jours. On sait d'ailleurs que les troupeaux se laissent conduire en bon ordre, dès le troisième ou le quatrième jour ; ceux-ci arrivent donc au saladère dans un état calme et sans trop grande fatigue. Ces troupeaux, à cause de la difficulté de leur conduite, ne se composent que de 4 à 600 animaux, rarement il y en a de 800 et de 1 000, parce qu'on ne tue que fort rarement un nombre aussi considérable, par jour, dans un saladère.

En arrivant dans les saladères, le bétail est enfermé dans les corrales et, dès lors, il n'a plus rien à manger; seulement quand, par des circonstances quelconques, et on cherche à les éviter le plus qu'on peut, il n'est pas sacrifié dans les 12 heures, on le laisse ressortir pour le faire boire; car on sait parfaitement qu'une troupe d'animaux qui reste exposée, pendant une journée, aux fortes chaleurs de la saison, perd considérablement en graisse, que, s'il souffre de la soif, il dépérit plus vite encore, et que la peau perd de son poids, en même temps qu'elle devient plus difficile à enlever. Aussi l'on évite avec soin de faire arriver des troupes trop nombreuses à la fois, pour ne plus avoir à les laisser sortir des corrales dès qu'elles y sont entrées et pour ne pas les y tenir plus de 12 heures. — J'insiste sur toutes ces particularités afin de faire ressortir les avantages qu'il y aurait d'établir les saladères dans le voisinage des estances, sans pour cela s'écarter des rivages accessibles à la navigation.

L'abatage dans les saladères commence, presque toujours, dès la pointe du jour. On fait passer les animaux, par petites troupes de 50 à 60, dans la dernière enceinte des corrales qui n'en peut guère contenir davantage. Un homme habile à manier le lazo jette celui-ci à l'un des animaux, et le saisit par les cornes ou le cou; à l'autre extrémité de cette corde sont attelés deux bœufs ou deux chevaux qui, à un signal donné, tirent et entraînent la victime, qui vient en bondissant, en écumant ou en roulant, arc-bouter sa tête contre une barre de bois, épaisse et transversale, qui ferme, comme une porte d'écluse, la partie la plus rétrécie du corrale. Au même moment, un ouvrier placé sur la barre lui enfonce dans la nuque un couteau effilé, et l'animal tombe comme foudroyé; ses membres s'agitent de quelques mouvements convulsifs, seuls signes de vie qu'il donne encore. On le détache et un petit char l'emporte. Cependant la main de l'ouvrier n'est pas toujours aussi sûre; celui-ci est parfois obligé de donner deux ou trois coups; il arrive aussi, et j'ai vu cela avec une certaine anxiété, que le couteau mal appliqué n'a pas atteint la moelle, et cependant l'animal est affaissé et étendu comme mort; mais dès qu'il se sent libre, emporté par le char, il se redresse et alors on entend des cris de tous côtés; chacun se sauve; l'animal, égaré, furieux, court devant lui, attaque tout ce qu'il rencontre; c'est une panique générale. Mais il y a toujours des hommes à cheval qui gardent le troupeau et qui parviennent promptement à lacer l'animal échappé.

L'abatage se fait par la section de la moelle allongée ou par une section très-voisine. Le char qui entraîne l'animal sous un hangar le dépose sur un plan incliné, la tête en bas; aussitôt un ouvrier le saigne; mais, par suite de la section de la moelle allongée, l'action des organes se trouve paralysée, le sang s'écoule mal et avec peine. L'animal est dépouillé de sa peau, et, en moins de huit minutes, on n'en voit plus que le squelette, qui est porté avec les viscères dans la partie des bâtiments où l'on opère l'extraction de la graisse; la chair est coupée, par des ouvriers extrêmement adroits, en huit lames minces qui ont de 15 à 20 centimètres d'épaisseur, mais qui ont 1 mètre ou 1 mètre 50 centimètres de longueur sur 40, 50 ou 60 centimètres de largeur. On expédie ainsi de 4 à 600 animaux par jour; il n'y a qu'un établissement près de Montévideo (et il appartient à une maison anglaise), dans lequel on tue quelquefois 1 000 animaux par jour.

b). Préparation de la peau. — Le principal article des saladères, au point de vue de la valeur, c'est la peau; aussi lui accorde-t-on les plus grands soins. Dans tous les saladères où le sel peut arriver à des prix assez modérés et en quantité suffisante, où l'on prépare les viandes, on sale également les peaux. Ce n'est que dans l'intérieur, sur le haut des rivières, dans les fermes isolées et dans le Paraguay, qu'on les sèche et qu'on les livre au commerce en cet état, après les avoir fait passer dans un bain très-faible d'arsenic. On préfère, en général, les cuirs frais ou salés. Ceux-ci s'obtiennent sans beaucoup de peine et de difficulté. Les peaux nettoyées sont plongées pendant 24 heures dans une forte saumure, quelquefois, en les sortant de cette solution saline, on les fait passer encore 24 heures dans une seconde saumure; puis on les étend entre des couches de sel, et on les laisse en tas pendant 10 jours au moins; après cela on les livre au commerce.

c). Extraction de la graisse. — Après la peau, la graisse est la partie la plus productive des animaux de la Plata. La valeur des corps gras est tellement appréciée dans ces pays américains, qu'on se garde bien, aujourd'hui, d'abandonner un animal, un cheval, un mouton, après lui avoir enlevé la peau, comme on le faisait encore, il n'y a pas un demi-siècle, sous prétexte qu'il n'y avait plus rien à en tirer. Mais je ne dois m'occuper quant à présent que du bétail, tel qu'il est traité dans les saladères.

Les cornes sont mises à part ainsi que les pieds, dont on extrait une huile qui a de nombreux usages dans l'industrie. Le reste du squelette de l'animal, les viscères et toutes les parties adipeuses sont portées dans une énorme cuve en bois qu'on appelle une *tyne*; quand celle-ci est pleine et hermétiquement fermée, on y fait arriver la vapeur d'un bouilleur, pendant 12 heures environ; à mesure que la graisse fond, elle s'écoule par un robinet placé à la partie inférieure de la tyne. Le résidu de cette opération présente l'aspect d'un magma d'os dépouillés de leur graisse et même en grande partie de leurs principes organiques, de fibres charnues, sèches, de ligaments, de cartilages et d'une quantité variable de gélatine qui n'a pas été entraînée avec la graisse et l'eau. Ce magma est porté tout bouillant sous une presse qui en exprime encore une certaine proportion de graisse, puis il est mis en couches peu épaisses et abandonné au grand air, où il se refroidit et se sèche plus ou moins. Ce n'est pas un *caput mortuum*, mais bien une précieuse réserve de combustible, dans ce pays qui manque complétement de bois et de charbon. On s'en sert pour alimenter les foyers des générateurs de vapeur, dans les opérations successives. Cette combustion laisse après elle un résidu qui est une cendre d'os qui ne renferme pas moins de 70 pour 100 de phosphate de chaux. C'est à ce taux et sous cette forme que tous ces résidus de la Plata sont expédiés en Angleterre. Il n'en vient pas un seul chargement en France.

J'ai donné le conseil à quelques saladéristes, avant mon départ de ces contrées sud-américaines, de se servir de ces cendres, si riches en phosphate de chaux, pour utiliser le sang du million d'animaux qu'ils tuent ; ce principe azoté par excellence est aujourd'hui complétement perdu. Il est certain qu'en mélangeant ces deux résidus, on obtiendrait un engrais précieux qui aurait une grande valeur pour notre agriculture. Mais je n'ai nul espoir d'avoir été compris. Du reste je n'ignore pas que tout, dans ces pays, se réduit, en dernière analyse, à la question de la main-d'œuvre, au prix de revient.

d) Préparation de la viande. — La partie charnue de l'espèce bovine qui, pour nous, constitue la partie noble de l'animal, n'a qu'une valeur relative dans la Plata. Rejetée et perdue comme substance alimentaire, dans la plupart des saladères de l'intérieur où le sel, qu'on est obligé de faire venir d'Espagne, ne peut pas arriver à cause des frais de transport, la chair du bétail n'est conservée en nature que dans les saladères du littoral de la république de l'Uruguay, de la Mésopotamie Argentine et de la province de Buenos-Ayres ; et partout, dans ces établissements, elle est préparée de la même manière, d'après des procédés identiques.

Les huit lames de viande qui représentent la partie charnue d'un animal pèsent, en moyenne, de 150 à 200 kilogrammes ; elles sont plongées, encore toutes chaudes, dans un bassin qui renferme de la saumure ; elles y restent immergées à peine quelques secondes, et dans le but seulement d'être lavées et dépouillées d'une portion de sang qui imprègne les tissus ; ensuite elles sont étalées par couches superposées, mais séparées les unes des autres par une couche de sel blanc ; le produit d'une journée ne forme qu'une seule pile. De cette façon les parties les plus inférieures se trouvent sous une pression assez sensible; il s'écoule de ces monceaux de viande une sérosité sanguinolente et salée qu'on recueille pour former de la saumure. Après 24 heures, la pile est retournée et salée de nouveau, les lames qui étaient supérieures sont maintenant inférieures et se trouvent pressées à leur tour. Le liquide s'écoule en moins grande quantité et il est moins coloré, pendant ce second jour. Le lendemain la viande est retirée de cette salaison, secouée de manière à ce que le sel même n'y reste pas adhérent, empilée au grand air et chargée de poids. Elle reste plusieurs jours sous l'action de cette légère pression qui n'en fait plus suinter qu'une faible proportion d'eau salée.

Mais quelques saladéristes, qui abattent un plus grand nombre d'animaux, qui en tuent de 60 à 80,000 pendant la saison chaude, empilent les viandes, dès le second jour, sous une énorme presse et en expriment ainsi, pendant plusieurs jours de suite, le plus d'eau possible. Ces hommes, guidés purement par la pratique, ont reconnu que les viandes ainsi traitées séchaient plus vite et plus régulièrement que celles soumises à la vieille méthode; nous verrons plus tard si leurs produits sont meilleurs et s'ils sont plus à rechercher sur les marchés.

Le plus ordinairement les viandes mises en pile restent ainsi pendant 3 ou 4 jours, jusqu'au moment où le temps est sec; alors on étend les lames sur des charpentes de bois disposées en galeries; on les laisse ainsi du matin au soir, mais on les rentre avant la nuit ou dès qu'on s'aperçoit que l'air devient humide; on les empile et on les presse fortement. Le lendemain et les jours suivants, si le temps est favorable, on les étend de nouveau jusqu'à ce qu'elles soient complétement sèches, ce qui, en été, arrive en 3 ou 4 jours par un vent sec et quand cette partie de l'établissement est bien située. D'ailleurs toutes les viandes n'ont pas besoin d'être exposées à l'action de l'air pendant la même durée; les grasses exigent plus de temps que les maigres, et celles qui doivent être exportées au loin ont besoin d'être plus séchées que celles qui sont destinées à une consommation plus immédiate.

Les caractères d'une viande bien préparée consistent en ce que celle-ci présente une couleur rouge sombre, en ce que les lames ne paraissent pas saupoudrées d'une poussière blanchâtre. La fibre charnue doit être dure comme du bois et raisonner sous le doigt qui la frappe; une lame mince, regardée par transparence, doit présenter une belle teinte vineuse; et, pressée entre les doigts, elle ne doit ni laisser suinter de liquide, ni dégager une odeur autre que celle de la viande qui se rapproche beaucoup de celle du jambon fumé. On peut la manger ainsi crue; on croirait, en effet, manger du jambon fumé et salé, quoiqu'à cet état on ne sente pas trop l'excès de sel.

La viande de bœuf ainsi préparée est réduite, à peu près, au quart de son poids à l'état frais, et elle constitue ce qu'on appelle le *tasajo* ou *charqué*. Il ne serait pas plus rationnel de vouloir préparer des bouillons de bœuf avec le tasajo qu'il ne serait possible d'en faire avec le lard salé et fumé. Quoique provenant du bœuf, cette viande séchée n'est consommée, en général, qu'avec des légumes, surtout avec des haricots secs, ou sous forme de rôti; elle communique aux légumes avec lesquels on la cuit une saveur très-agréable et très-appétissante; mais la fibre charnue se dépouille ainsi de presque toute sa saveur, il semble alors en la mâchant qu'on a de l'étoupe sous les dents; rôtie, elle a plus de saveur, mais, à cet état, elle est dure et difficile à mastiquer. Bouilli avec du bœuf frais et des légumes, le tasajo donne à cette préparation culinaire le goût de ce que nous appelons une soupe aux choux, faite avec une certaine proportion de lard; mais encore après cette cuisson la fibre charnue n'a presque plus de saveur.

e). *Préparation des langues de bœuf.* — Avant de quitter l'industrie des saladères, je tiens à signaler une préparation assez bien faite des langues de bœuf qu'on expédie à l'étranger, déjà dans une certaine proportion. Les langues du bétail de la Plata sont beaucoup plus petites que celles de notre bœuf domestique, en Europe; elles sont souvent mal coupées. Néanmoins ces langues sont conservées en saumure ou simplement entre des couches de sel, après avoir été dépouillées de leur épaisse couche épithéliale, et elles sont livrées au commerce en cet état ou bien elles sont séchées; mais rarement on prend la peine de les fumer. On exporte une grande quantité de langues séchées au Chili; ainsi préparées, elles sont moins succulentes et moins agréables qu'à l'état frais, conservées simplement dans le sel. D'ailleurs chaque saladériste possède un procédé distinct, sous quelques rapports, pour la préparation des langues. On en expédie aussi, depuis quelques années, en Angleterre et au Portugal, à raison de 4 fr. la douzaine.

5. *Piles de viandes formées en hiver.* — S'il est vrai que les grands travaux sont, en général, suspendus dans les saladères pendant la saison des pluies et pendant l'hiver, je dois rappeler cependant qu'on profite de cette saison humide non-seulement pour sacrifier les juments, dont on retire la peau et la graisse, mais encore pour immoler le bétail de mauvaise race, ou celui qui est en trop grande abondance; ou les vaches grasses qui ne portent pas. Dans ce cas, il arrive qu'on ne recherche parfois que la peau et la graisse; mais cependant on sauve encore souvent la viande, quoiqu'on ne puisse pas la sécher. Pour cela, dès le troisième jour, quand elle est bien impré-

gnée de sel, la viande est empilée en plein air, absolument comme nos meules de foin ; on construit ainsi de véritables tours rondes dont on couvre le sommet d'une forte et épaisse couche de sel, on l'enveloppe d'une grosse toile à voile et on charge la pile de poids lourds. La viande reste ainsi exposée, pendant toute la saison d'hiver, aux pluies, aux vents, au froid, au chaud, et à l'humidité ; au printemps, en octobre, on la découvre, on enlève une légère couche sur la périphérie de la meule et on trouve, en général, la viande fraîche et rose. Alors on la livre au commerce ou bien on la sèche d'abord. En général, les viandes provenant des piles d'hiver sont expédiées, aussitôt qu'elles sont découvertes, dans les parties les plus voisines du Brésil, pour être consommées au plus vite. Elles se vendent à un prix inférieur à celui du tasajo ; très-souvent des chargements entiers de ces viandes se perdent complétement, et, quand ils arrivent au port de destination, il faut les jeter à la mer. Il en est de même, bien des fois aussi de la viande séchée. Elle est refusée surtout à la Havane, parce qu'elle ne parvient souvent à cette distance qu'en mauvais état, et même complétement gâtée. Ces causes nombreuses d'insuccès découragent bien des saleurs de viande, qui alors se bornent à en extraire la graisse, et qui jettent la fibre à l'eau ou s'en servent comme combustible.

4. *Rendement moyen d'un saladère.*—Cette manière de procéder, que nous condamnons comme étant barbare, se comprend cependant assez bien quand, en se plaçant au point de vue de l'homme d'affaires, on compare entre eux les prix de revient dans un saladère et le produit de la vente des articles qu'on y prépare. Dans tous ces établissements on calcule le rendement d'après des moyennes, qui ne varient que fort peu d'une année à l'autre ; celles que j'ai trouvées dans un grand nombre de saladères de Buenos-Ayres et de Montévidéo, pour ces cinq dernières années, m'ont donné les résultats suivants, pour un animal :

DÉPENSES.

Acquisition d'un animal, 6 piastres, soit . . .	52 fr.
Frais généraux, main-d'œuvre.	7
Sel, 35 kilogr. par animal.	1,50
Total.	40,50

RECETTES.

Peau	20 fr.
Graisse	12
Viande (50 kilogr.)	11
La langue	0,40
Cendres, os, cornes, sabots.	2
Total.	45,40

C'est ainsi que les bénéfices d'un saladère sont considérés comme très-satisfaisants, quand ils s'élèvent à près de 5 francs par animal abattu ; car le plus petit de ces établissements tue, en moyenne, 50 000 animaux, par saison ou par an ; il y en a beaucoup où ce chiffre atteint 60 000 ; quelques-uns en abattent jusqu'à 80 000.

Cette comparaison fait ressortir deux choses capitales : c'est que cette industrie ne peut exister qu'à la condition d'abattre un grand nombre d'animaux ; c'est que, en second lieu, le prix de la viande, ainsi préparée et conservée, n'est nullement en rapport avec la valeur réelle de cet aliment. Il y a donc souvent intérêt pour les saladéristes à sacrifier la viande, et cela surtout quand les animaux sont gras, quand la main-d'œuvre fait défaut, comme cela arrive presque toujours. En effet, la quantité de graisse retenue dans la viande peut s'estimer à une valeur moyenne de 4 francs, les frais de main-d'œuvre pour la salaison et la dessiccation à 3 francs 50 centimes, et le prix du sel employé à 1 franc : total des dépenses, 8 francs 50 centimes, pour obtenir 50 kilogrammes de tasajo, qui bien souvent ne peuvent pas être placés même à ce prix. Je ne parle pas des chances nombreuses que court le saladériste de voir cette denrée alimentaire se perdre, se corrompre et enfin être refusée au lieu de destination.

5. *Amélioration à introduire dans la préparation de la viande des saladères.* — Je ne pense pas que les viandes salées et séchées de la Plàta puissent, dans les conditions ordinaires du tasajo, avoir quelques chances d'être acceptées sur les marchés de l'Europe, même livrées au prix minimum de 40 centimes le kilogramme. Pour que cette industrie sorte du cercle vicieux dans lequel elle tourne, il faut qu'elle commence par accorder plus de soins à la préparation des viandes : les animaux doivent être mieux saignés et dans un état plus calme ; la viande alors n'aura pas besoin d'être lavée et de passer dans une saumure ; elle renferme déjà une assez forte proportion d'eau. Il faut éviter de presser la viande, pendant qu'elle subit l'influence du sel, parce que le liquide qu'on en exprime n'est pas de l'eau salée seulement, c'est, suivant l'expression de M. Liebig, le bouillon même de la viande, avec toutes ses parties constitutives organiques et inorganiques. Une pression modérée et graduée n'est utile que plus tard, pour accélérer et régulariser la dessiccation. Si ces préceptes étaient observés, on obtiendrait une viande encore assez riche en principes alibiles pour être un excellent aliment, quoique, d'après le savant chimiste que je viens de citer, cette substance perde un tiers de son action nutritive, quand elle est complétement imprégnée de sel. Mais il ne faut pas oublier que, à égalité de poids, la viande salée et séchée l'emporterait même, sous ce rapport, sur la viande fraîche, puisqu'un kilogramme de la première représente 4 kilogrammes de la seconde.

Il est d'autres précautions encore dont on ne tient pas assez compte, dans la recherche de la solution du problème social qui m'occupe, c'est de l'enveloppement, de l'emballage et du mode de transport de ces viandes. Il y a une grande différence entre la préparation des viandes qui sont destinées à être consommées sur place ou à peu près, et celles qui doivent franchir des zones de chaud et de froid. Les unes se conservent par une préparation, je dirais presque quelconque, et c'est là une des causes principales de l'illusion que tous les inventeurs de l'ancien et du nouveau monde se font sur le mérite de leurs procédés de conservation ; les autres, celles qui doivent voyager, réclament, en outre de leur préparation première, des moyens puissants et toujours efficaces, pour les préserver contre l'action altérante des milieux qu'elles traversent. J'ai vu dans la Plata des viandes en parfait état, après des mois et même après un an de préparation ; tandis que, expédiées de Buenos-Ayres et de Montévideo, des viandes conservées dans des conditions identiques ont été trouvées gâtées, corrompues, à leur arrivée en France au ministère du commerce, même après trois mois de préparation.

IV. COMMERCE DE LA VIANDE SALÉE ET SÉCHÉE. — Les viandes de la Plata ainsi préparées n'ont encore trouvé, jusqu'à ce jour, que deux débouchés, les marchés du Brésil et ceux de la Havane. Voici, d'après les relevés de la douane de Buenos-Ayres et de Montévideo, quelle est la quantité (en quintaux) de tasajo exportée de la Plata, pendant les cinq dernières années :

ANNÉES.	AU BRÉSIL.	A LA HAVANE.	TOTAUX.
1859	399 700	610 900	1 010 600
1860	492 717	619 605	1 112 322
1861	526 994	446 210	975 204
1862	603 905	657 575	1 261 480
1863	800 740	430 000	1 230 740

Ce qui donne pour moyenne annuelle 1 117 670 quintaux ou environ 56 millions de kilogrammes [1].

Comme on admet qu'un animal ne fournit qu'un quintal, ou 50 kilogrammes de tasajo, il s'ensuit que cette exportation a nécessité qu'on tuât en moyenne, pendant les cinq dernières années, plus de 1 200 000 animaux par an, dans les seuls saladères du littoral. En ajoutant à ce chiffre la quantité assez considérable d'animaux tués

---

[1] Les viandes les mieux préparées, et surtout celles de Montévideo et de l'Uruguay en général, se vendent en moyenne à raison de 2 piastres le quintal, soit 11 fr. les 50 kilogr., ou 0 fr. 22 cent. le kilogr. Celles de Buenos-Ayres et de l'Entre-Rios se placent moins bien et plus difficilement. Les plus sèches vont à la Havane et les plus grasses au Brésil ; mais les unes et les autres sont destinées à l'alimentation des nègres, quoique, dans ces colonies, la population blanche se nourrisse également de tasajo.

dans les saladères où la viande passe dans la tyne, pour l'extraction de la graisse, et où elle est complétement perdue comme substance alimentaire, en tenant également compte de la consommation de viande, qui est à peu près l'aliment exclusif dans ces pays, il est permis d'admettre que les fermes ou estances livrent annuellement plus de un million et demi de têtes de bétail; et, comme il est d'usage pour les fermiers de ne se défaire, chaque année, que du dixième de leurs troupeaux, je me trouve amené à constater, comme je l'ai annoncé plus haut, que les contrées du littoral de la Plata nourrissent dans leurs pâturages au moins 15 millions d'animaux appartenant à l'espèce bovine.

V. Procédés divers préconisés pour la conservation des viandes de la Plata. — La situation si pénible du commerce des viandes de la Plata est sentie et comprise dans tous ces pays; les efforts les plus louables, pour y remédier, sont tentés non-seulement dans les grands établissements des saladères, mais encore par des sociétés industrielles et par des comités placés sous la direction même des gouverneurs de provinces. Aussi ma mission a-t-elle été accueillie partout avec la plus vive sympathie; je serais heureux de pouvoir y répondre par quelques conseils utiles et pratiques, puisés dans mes observations personnelles.

Après avoir décrit l'industrie pastorale des estancias, après avoir exposé celle des saladeros, je crois être en droit de déclarer que l'introduction en Europe des viandes sud-américaines est un problème complexe dont la solution doit surtout satisfaire aux conditions suivantes : « Préparer les viandes sur place, à peu de frais, et les conserver en bon état jusqu'au lieu de destination, moyennant un enveloppement économique. » C'est pour cela que j'écarte aussitôt tous ces procédés coûteux, qui ont pour but de conserver les viandes hors du contact de l'air, tous les systèmes à manipulations nombreuses et délicates, et toutes les méthodes empruntées à la chimie. Celles-ci étant en général secrètes, et ne donnant pas de meilleurs résultats que les autres, je dois encore davantage m'abstenir d'en parler. Tous les autres moyens, mais ceux seulement qui ont été appliqués dans cette partie de l'Amérique, peuvent être ramenés à deux méthodes générales de préparation : celle qui procède par la voie sèche et celle qui, au contraire, opère par la voie humide.

1. *Procédés qui entrent dans la méthode par la voie sèche.* — Dans la première de ces méthodes rentrent la préparation de la *carne dulce* et celle du *tasajo*. J'y joindrai, plutôt comme un moyen de perfectionnement que comme un procédé distinct, le mode de sécher les viandes par la ventilation, imaginé par MM. Nin et Senorans, et

que j'ai vu fonctionner à Buenos-Ayres. Une idée sérieuse et très-importante y a cependant présidé, c'est celle de ne faire intervenir le sel que dans une très-faible proportion, seulement comme condiment, puisqu'on n'emploie que 2 kilog. 50 grammes par animal, c'est-à-dire pour 150 à 200 kilog. de viande. On employait une assez forte pression, dès le premier jour, pour faire écouler une portion d'eau ; je pense que mes observations ont fait admettre une modification à cet égard. Les lames de viande sont ensuite étendues sur des châssis disposés horizontalement dans une grande pièce, dans laquelle on lance de l'air chaud ; celui-ci doit être mis en mouvement par des espèces de moulinets formés d'axes verticaux, armés de larges ailes en tôle, qui sont mues par une petite machine à vapeur. L'idée est assez ingénieuse, mais l'application laissait encore beaucoup à désirer, quand j'ai visité cet établissement, surtout sous le rapport de l'efficacité de la ventilation, dont ces gens n'avaient aucune notion précise. Ils sèchent de cette façon de la viande et des langues de bœuf ; celles-ci surtout sont assez recherchées au Chili, quoiqu'elles n'aient que peu de saveur après la cuisson. La viande séchée a la couleur du jambon fumé ; elle est dure comme du cuir fortement tanné, mais trempée dans l'eau, pendant dix heures, elle reprend presque l'aspect de la viande fraîche. Elle donne un bouillon faible, peu aromatique, mais nullement désagréable, tandis que la fibre charnue est insipide comme de l'étoupe.

Cette viande, pour être transportée, doit être enfermée dans une double caisse en zinc et en bois. C'est ainsi que j'en ai envoyé des échantillons au ministère du commerce, où ils sont arrivés en assez bon état, après trois mois de préparation.

Il est à peine besoin d'ajouter que ce produit est d'un aspect peu séduisant, de qualité inférieure et d'un prix plus élevé que le simple tasajo ; mais je ne doute pas cependant que de nouvelles tentatives dans cette voie ne puissent conduire à de meilleurs résultats.

Me souvenant de la description que M. Boussingault donne du tasajo préparé, dans une autre région de l'Amérique méridionale, en saupoudrant de farine de maïs la viande coupée en lanières, que l'on fait ensuite sécher au soleil, j'ai établi des expériences semblables à Montévideo et à Buenos-Ayres. Après avoir fait couper la chair musculaire en lames minces, et les avoir fait saler très-légèrement, je les ai fait saupoudrer de farine de maïs et sécher, en les exposant au soleil pendant le jour, et en les pressant légèrement pendant la nuit. L'opération a duré huit jours, et la viande séchée ainsi présentait un bel aspect ; la fibre charnue était d'un rouge sombre, d'une dureté très-grande. Quelques lames ont été roulées en forme de carottes de tabac, mais, en quinze jours, elles étaient gâtées ; d'autres, conservées en lames, se sont maintenues en assez bon état ; on en a fait des soupes qui avaient un bon goût ; et la viande, après la cuisson, était encore assez succulente et appétissante ; rôtie ou grillée, elle était plus agréable. Ces résultats m'ont engagé à en expédier quelques échantillons en France, au ministère du commerce, où ils sont arrivés en assez bon état. Cependant la viande avait contracté un certain goût de moisi. Ces essais ont été faits dans une saison trop humide, à l'entrée de l'hiver, la farine de maïs n'était pas bien sèche, et la viande ne pouvait pas être exposée au grand air tous les jours, de là l'insuccès. Mais j'ai la ferme conviction que ce procédé convient parfaitement aux contrées chaudes où le sel manque et où le maïs est en abondance, comme dans les provinces argentines du centre et au Paraguay ; le travail qu'il exige ne diffère pas de celui des saladères ; le maïs n'est pas plus cher dans ces pays que le sel sur le littoral, et l'exportation de cette viande pourra se faire avec économie, dans de simples caisses en bois garnies ou non de paille de jonc sèche. Livrée sur les marchés de l'Europe, cette viande ne reviendrait pas à plus de 50 à 60 centimes le kilogramme.

2. *Moyens applicables à la conservation de la viande de mouton.* — L'encombrement de l'espèce ovine, qui existe déjà actuellement dans la Plata, et qui va en augmentant de jour en jour, m'a conduit à faire plusieurs expériences sur la conservation de la viande de mouton. J'ai eu recours à la dessiccation par la ventilation, et à la préparation par la farine de maïs ; les résultats assez satisfaisants que j'ai obtenus engageront peut-être les industriels de ces pays à ne pas trop négliger une branche si sérieuse de leur industrie pastorale ?

Quant aux injections que j'ai faites dans le système vasculaire d'un grand nombre de moutons, à l'aide de sels d'alumine et de plusieurs espèces de décoctions de substances riches en tannin, que j'ai tirées des forêts du Paraguay, je ne les rappelle que pour reconnaître, devant l'Académie, mes insuccès, dont d'autres expérimentateurs pourront profiter. Je suis cependant arrivé à conserver ainsi des moutons entiers, pendant vingt et un jours : la décomposition a toujours commencé par la peau, quoique je fusse cependant parvenu à neutraliser, en grande partie, l'action altérante de la laine en l'imbibant d'un lait de chaux épais.

3. *Procédés qui rentrent dans la méthode par la voie humide.* — Les procédés de conservation des viandes par la voie humide, qui ont été tentés dans la Plata, y sont en général très-peu pratiqués : ils consistent à plonger la viande dans une saumure plus ou moins concentrée

ou dans la graisse, ce qui exige l'emploi de tonneaux ou de barils. Or, comme il n'y a pas de bois dans ces pays, il faut y faire venir à grands frais, de l'Europe ou des Etats-Unis, les bois ou les barils tout faits, ce qui renchérit par trop le prix de cette denrée alimentaire, à supposer même que celle-ci arrive en Europe dans un état aussi satisfaisant que les viandes séchées. Les conditions seraient bien plus onéreuses encore si les saladéristes voulaient consentir à fournir la graisse, qui a plus de valeur que la viande, pour essayer de conserver celle-ci. N'ai-je pas insisté longuement sur leur tendance générale et fondée à sacrifier, au contraire, la chair musculaire de leur bétail pour augmenter son rendement en graisse ? Aussi dois-je ajouter que de pareilles propositions, faites toujours par des étrangers qui ne sont pas suffisamment initiés aux ressources de ces pays, ne sont jamais accueillies par des hommes pratiques.

Malgré le prix de revient assez élevé qu'atteignent les viandes de la Plata conservées dans la saumure, la spéculation a voulu tenter ce moyen; et, en 1855, un chargement entier a été expédié de Buenos-Ayres à Marseille ; mais les viandes étaient dans un état tel, qu'il a fallu les jeter dans la mer. Cette tentative malheureuse n'a pas suffi ; elle a été renouvelée depuis; et, l'année dernière encore, on a envoyé au Havre des viandes en saumure concentrée, avec un excès de sel. J'ai moi-même reçu de ces échantillons de viandes de bœuf et de gigots de mouton ; mais je dois déclarer qu'elles ont été repoussées sur les marchés, et que, soumises à la cuisson, après deux et même plusieurs jours d'immersion et de lavage dans l'eau, elles conservaient toujours un goût de sel qui les éloigne certainement de toute tentative de consommation.

VI. CONSERVATION DES VIANDES EN PILES. — RÉSULTATS OBTENUS PARMI LA POPULATION MANUFACTURIÈRE DE MULHOUSE. — AVENIR. — Cette énumération rapide, mais complète et sincère des tentatives faites, d'une part, pour donner une valeur plus grande à une substance alimentaire qui se perd, et, d'autre part, pour répandre celle-ci dans la consommation des peuples de l'Europe, n'est pas une constatation de résultats purement négatifs ; elle prouve l'existence de progrès déjà réels dont notre hygiène alimentaire est appelée à profiter; elle fait connaître et apprécier les moyens mis en usage, et elle indique les perfectionnements à accomplir. C'est par ces considérations que je suis amené à parler, devant l'Académie, d'un procédé simple et économique qui m'a permis de conserver les viandes fraîches et roses, quoique un peu salées.

Ce qui m'a conduit à ce mode particulier, c'est l'observation de ces piles de viandes dont j'ai parlé plus haut, qu'on construit comme des meules de foin dans quelques-uns des saladères de la Plata, qu'on laisse exposées aux injures du temps, pendant l'hiver, ou plutôt pendant cinq à six mois de pluie et de vents humides, et qu'on retrouve fraîches, roses et appétissantes au retour de la belle saison. J'ai donc fait abattre huit vaches, le 10 juin 1863, dans un saladère de Montévidéo ; la viande, pesant 1 500 kilogrammes, a été coupée en lames minces; puis elle a été légèrement salée et disposée en pile, dans une caisse dont les planches ne joignaient que très-imparfaitement. J'ai fait couvrir la partie supérieure de cette pile d'une épaisse couche de sel ; mais l'expérience m'a démontré que c'est là une précaution inutile et simplement dispendieuse; j'y ai renoncé depuis.

Cette première caisse, expédiée de Montévidéo, le 15 juin, sur un navire à voiles, *le Corneille*, est débarquée au Havre, le 19 août suivant. Une commission, composée de commerçants notables, de capitaines d'armement et du commandant du *Corneille*, constate le bon état et la fraîcheur de la viande ; elle goûte le bouillon qui en est fait, ainsi que la viande bouillie, et elle déclare, dans un procès-verbal rédigé séance tenante, que cette viande est fraîche et dans un parfait état de conservation [1]. C'est ainsi qu'elle s'est conservée à Pa-

[1] Je crois devoir reproduire ici les principaux passages de ce document : « Ce jourd'hui, 19 août 1863..... nous soussignés Alfred et Gustave Quesnel, Imhaus, négociants, de Lépine, représentant de la Compagnie transatlantique, Bailly, capitaine d'armement, Lubis, commandant du *Corneille*, domiciliés au Havre, etc..... nous nous sommes transportés dans les magasins de MM. Quesnel frères, à l'effet de constater l'état d'un échantillon de viande expédié de Montévidéo par M. le docteur Schnepp, sur le trois-mâts *Corneille*, qui a quitté ce port le 15 juin dernier et qui est entré dans le bassin du Havre, le 12 de ce mois..... »

« Cet échantillon forme une masse de viande représentant un cube d'environ un mètre de côté ; il est contenu par des planches et des traverses de bois qui ne joignent pas, et qui laissent entre elles des écartements de plusieurs centimètres au niveau desquels la viande est complétement à nu. Le capitaine Lubis déclare que cette viande est restée en cet état sur le pont, pendant toute la traversée, exposée à la pluie, comme à la chaleur des zones tropicales et équatoriale, que, souvent, elle a été lavée par les vagues qui embarquaient et dont l'eau baignait parfois, plusieurs jours de suite, les parties inférieures. »

« Cette masse de viande, qui ne dégage aucune odeur désagréable, est découverte..... La viande se présente sous forme de grandes lames..... Elle a une consistance un peu plus ferme que la viande fraîche ; les fibres charnues sont d'un rouge vif en tout semblable à la couleur de la viande fraîche ; froissées entre les mains, ces fibres ne dégagent que l'odeur particulière à la viande dont elles ont également la résistance ; la substance adipeuse a complétement l'aspect normal..... »

« Un morceau de cette viande, un kilogramme, est trempé pendant dix heures dans l'eau froide, puis il est cuit avec deux fois son poids d'eau. Cette viande donne un bouillon clair, limpide, d'une belle couleur jaune pâle, d'une odeur très-aromatique et d'une saveur aussi agréable que le meilleur bouillon de ménage ; la viande bouillie offre la couleur rouge pâle du bouilli ordinaire, dégageant une odeur aromatique très-appétissante ; sa saveur rappelle un peu la salaison en ce qu'elle tient de la saveur du jambon. »

« Nous certifions la présente déclaration conforme à la vérité, en foi de quoi nous l'avons signée. (Suivent les signatures.)

ris et à Mulhouse, où elle a été consommée dans les derniers jours du mois d'octobre, par conséquent, plus de quatre mois après sa préparation, et cela après avoir traversé les mers, après avoir voyagé en chemin de fer, du Havre à Paris, puis de cette ville à Mulhouse, après avoir été maniée et examinée plusieurs fois dans chacune de ces stations.

S. A. I. monseigneur le prince Napoléon, qui montre une sympathie si vive pour toutes les questions qui intéressent le bien-être de l'humanité, a désiré voir, au Havre déjà, ces viandes fraîches venant de la Plata. Le prince a goûté du bouillon fait avec ces conserves, et il l'a trouvé très-bon; quant à la viande bouillie, dont il a mangé un morceau, elle lui rappelait, disait-il, par le goût et la saveur, le bœuf fumé de Hambourg. Plus tard, quand cette caisse de viande s'est trouvée au ministère du commerce, où des commissions et le comité consultatif d'hygiène ont pu en apprécier le bon état de conservation et de fraîcheur, j'ai eu l'honneur d'en placer un spécimen sous les yeux de l'Empereur; et M. le colonel Favé, qui n'est pas seulement un aide de camp, mais encore un savant économiste, a été chargé de l'examiner et de l'apprécier. Toutefois, l'Empereur a voulu lui-même goûter le bouillon, et Sa Majesté l'a trouvé de bonne qualité. — Plus tard encore, et après que les derniers morceaux de cet échantillon de viandes furent consommés à Mulhouse, M. J. Dollfus, qui a accueilli avec le généreux enthousiasme du philanthrope cette nouvelle manne de la population ouvrière, m'écrit le 30 octobre et me dit : « C'est rôties qu'on préfère les viandes ; cette manière de les accommoder est certainement la meilleure méthode. La viande est excellente ainsi, et a tout à fait le goût de notre bœuf rôti. — Tout le monde est d'accord là-dessus. Nous la donnons aussi cuite avec des légumes, etc... »

Je crois pouvoir dire que la question économique n'est pas moins sérieusement jugée par cette méthode si simple, que l'efficacité de la conservation. En effet, les viandes ont pu être livrées à la consommation de la population manufacturière de Mulhouse à raison de 30 centimes le demi-kilogramme; et la quantité que M. J. Dollfus, cet économiste pratique et généreux, a fait débiter dans le restaurant des cités ouvrières de cette ville a prouvé qu'on en pouvait faire de très-bons bouillons, dont la tasse se vendait 5 centimes ; les portions de viande, de 125 à 150 grammes, avec des légumes, se payaient 15 centimes, ce qui, en y ajoutant pour 5 centimes de pain, permettait à l'ouvrier de faire un repas pour 25 centimes. Ainsi, une famille composée de quatre personnes trouve dans un demi-kilogramme de ces viandes, cuites avec des légumes, l'aliment substantiel, réparateur, plastique et comburant à la fois qui, affectant à chaque convive une part de 125 gr.

de viande, lui fournit au moins autant de principes nutritifs que 300 gr. de viande fraîche, et cela à raison de 8 centimes, c'est-à-dire au même prix que le pain !

C'est là encore une œuvre philanthropique, c'est à ce titre que l'homme honorable que je viens de citer s'y consacre avec d'autres manufacturiers français non moins généreux ; mais les meilleures intentions ne sont pas toujours les mieux accueillies, et, malgré ce premier succès, que je considère comme très-heureux, du moment où la spéculation s'en mêlerait, ce ne serait plus qu'une affaire de pur négoce qui serait étouffée dans son germe même. En effet, si les saladéristes de la Plata, qui sont si embarrassés de leurs viandes et qui sont impatients de leur trouver des débouchés, voulaient en encombrer nos marchés d'Europe, nos populations, qui ont des habitudes de régimes alimentaires qu'elles ne consentent pas à changer d'un jour à l'autre, malgré les avantages réels, matériels et immédiats qu'elles y trouveraient, se refuseraient tout d'abord à les accepter ; cette denrée alimentaire, ainsi accumulée en grande proportion, serait discréditée, puis elle se détériorerait et finirait par se corrompre. Les spéculateurs y feraient des pertes, mais notre hygiène alimentaire en éprouverait surtout les conséquences les plus regrettables.

VII. Conclusions. De mes observations et des expériences que j'ai pratiquées au sujet de ces questions alimentaires, je crois pouvoir conclure :

Que les viandes de la Plata, dans leur état frais, sont de bonne qualité ;

Que, salées et séchées, ou simplement séchées sous forme de *tasajo* et de *carne seca*, elles ne seront jamais acceptées sur nos marchés, même quand elles pourront arriver en bon état en Europe ;

Que les préparations dans la saumure et dans la graisse ne peuvent être introduites dans la Plata, autant par des raisons d'économie que par leurs mauvais résultats ;

Que les viandes de la Plata légèrement salées et mises en piles, comme je l'ai fait, peuvent être expédiées fraîches ; qu'à cet état elles sont déjà acceptées, et qu'elles peuvent être livrées à la consommation au prix même du pain ;

Que, enfin, une pratique sage et patiente, habituant les populations de l'Europe à la consommation des viandes fraîches et salées, provenant de la Plata ou de tout autre point, contribuera puissamment à l'amélioration de notre hygiène alimentaire et à la solution du problème social de la vie à bon marché.

DE LA
YERBA-MATÉ

OU

THÉ DU PARAGUAY

Mémoire lu à l'Académie des sciences, Institut impérial de France, dans la séance du 4 janvier 1864.

Provenances de la Yerba. — Voyage au Paraguay. — L'Assomption. — Intérieur du Paraguay. — Villa-Ricca. — Le tabac, le manioc, le coton. — Pain de maïs. — Les forêts vierges. — Grandes espèces d'oiseaux, les yacus et les moytus. — Caàguazù, les Yerbales et leur exploitation. — Caractères botaniques de l'arbre à Yerba. — Fabrication du thé du Paraguay. — Commerce de la Yerba-maté. — Usages de la Yerba. — Composition élémentaire de la Yerba. — Action physiologique de la Yerba. — Conclusion.

I. PROVENANCES DE LA YERBA. Dans tous les pays de l'Amérique méridionale situés au sud de l'Équateur, jusqu'en Patagonie, est répandu l'usage d'un thé qui, par son abondance, par ses qualités et par ses propriétés, jouit, chez les Indiens, les populations aborigènes, ainsi que chez les descendants des races espagnole et portugaise, d'une faveur non moins considérable que, chez les peuples de l'Europe, le café et le thé de Chine. Les Indiens guaranis appellent ce thé *Caa*, expression qui signifie feuille, herbe et que les Espagnols ont traduite par *Yerba*, nom sous lequel cette substance est encore connue dans toute la Plata, au Chili et au Brésil.

Cette herbe, qui vient spontanément dans les forêts vierges situées sous le tropique du Capricorne, entre l'Uruguay et le Parana, entre ces puissants cours d'eau et le Rio-Paraguay, est une conquête des Indiens guaranis eux-mêmes; ils en faisaient usage tantôt comme légume cuit à l'eau, tantôt comme boisson, sous forme de thé, déjà à l'époque des invasions espagnoles et portugaises, dans le cours du

seizième siècle. Ces conquérants européens ont dû s'habituer eux-
mêmes bien vite à une boisson qu'ils trouvaient tonique et capable
de soutenir leurs forces, dans leurs courses à travers ces pays déserts
où ils étaient exposés à des fréquentes et dures privations. Ils n'y
rencontraient pas alors nos animaux de boucherie; les espèces bovine, ovine et chevaline n'y étaient même pas encore introduites.
Aussi les Jésuites, qui les suivirent de près et qui s'établirent préci-
sément dans les régions couvertes de Yerba, donnèrent-ils tous leurs
soins à l'exploitation des *Yerbales*, qui sont les districts ou localités
où croît l'arbre à Yerba. Ces missionnaires parvinrent même à cul-
tiver cette plante, avec certains avantages, dans leurs principales
réductions. Ils faisaient un commerce lucratif avec leur thé, qui passait
pour le meilleur et qui était aussi le plus recherché sur les marchés
américains.

Quelqu'encourageant que fût le résultat de cette culture, celle-ci
ne put durer plus longtemps que les missions elles-mêmes; j'en ai
vainement cherché des traces soit dans les anciennes réductions des
Jésuites, soit dans les provinces argentines et paraguayennes. La
Yerba est tirée aujourd'hui exclusivement des forêts vierges où elle
croît toujours à l'état sylvestre.

Trois régions tropicales de l'Amérique du sud produisent spontanément l'arbre à Yerba, savoir : le Paraguay, la province brésilienne
de Saint-Paul et les forêts des missions. Le Paraguay a toujours
fourni et fournit encore la variété la plus recherchée, la plus aromatique et la plus agréable. La Yerba du Brésil, dite de Paranagua, nom
qu'elle emprunte au port d'exportation, appartient à la même espèce
végétale que le thé du Paraguay, suivant Aug. Saint-Hilaire; et
Rengger, le voyageur suisse qui a également parcouru ces pays,
confirme l'opinion de notre savant compatriote; il croit que ce qui
distingue les thés de ces deux provenances tient simplement à leur
mode de préparation. Le thé du Brésil diffère peu, par sa saveur,
de celui des missions, qui est la qualité la plus inférieure. Ainsi,
quelle que soit son origine, la Yerba provient d'une espèce végétale
unique; elle est fournie par un arbre de la famille des houx ou des
ilicinées, décrit sous le nom d'*ilex paraguariensis* par Aug. Saint-
Hilaire, Bonpland et de Candolle. Rengger, de son côté, y a reconnu
la même plante que celle appelée *Culen* au Brésil, ou *Psoralea glan-
dulosa*, par Molina et qui a été décrite déjà sous ce nom par Linné.
D'Azara qui, pour son époque, a si bien fait connaître le Paraguay,
dit que l'arbre qui produit la Yerba est sauvage; qu'il croît au milieu
des autres dans les bois qui bordent toutes les rivières et tous les
ruisseaux qui se jettent dans le Parana et dans l'Uruguay, ainsi que

dans le Rio-Paraguay, à partir du 24ᵉ degré, en tirant vers le nord. Il en a vu de la grosseur d'un oranger de taille plus que médiocre; cependant, dans les exploitations habituelles, ces arbres ne forment que des buissons, parce qu'on les émonde tous les trois ans.

II. Les Yerbales et l'intérieur du Paraguay. Des recherches d'un autre ordre, quoique se rattachant également à l'hygiène alimentaire, me conduisirent, dans un voyage récent, sur les rives de la Plata; mais pour visiter les Yerbales, pour voir de près les exploitations fonctionnant au milieu même des forêts vierges et pour me former une idée de la fabrication de cette variété de thé, j'ai dû remonter les grands affluents de ce fleuve : l'Uruguay, le Parana et le Rio-Paraguay, qui sont déjà des mers intérieures, sillonnées en tout sens par la navigation à vapeur. Le Rio-Paraguay est navigable à plus de 600 lieues, jusqu'à Curumba et même jusqu'à Cuyaba, dans le cœur de l'Amérique méridionale.

Le Paraguay, dont je me propose de visiter les forêts de l'intérieur, n'est plus la Chine du nouveau monde, comme on disait encore naguère, mais d'ailleurs les murailles du Céleste Empire sont renversées aujourd'hui. Cette petite république est ouverte au commerce du monde entier; elle entretient des rapports suivis avec ses voisins, par le moyen d'une douzaine de bateaux à vapeur qu'elle possède déjà et qu'elle a construits chez elle, dans ses propres chantiers, et avec son bois incorruptible. Un service régulier relie l'Assomption aux autres ports du Rio-Paraguay, à ceux du Parana et de la Plata. En moins de six jours on remonte ces cours d'eau, de Montévideo à la capitale du Paraguay. Et quelle charmante navigation! Le sol bas, formé d'alluvions qui renferment des ossements fossiles des plus gros mammifères et édentés antédiluviens, constitue des plaines immenses, couvertes de pâturages, dans lesquelles paissent, en toute liberté, de nombreux troupeaux d'animaux appartenant aux espèces bovine, ovine et chevaline; c'est la source de toutes les richesses industrielles et commerciales de ces pays, comme je pense le démontrer dans une autre et prochaine communication.

Ces masses d'eau du continent sud-américain, qui s'écoulent entre des rives plates mais toujours verdoyantes, enveloppant, par leurs contours nombreux et variés, de vastes îlots et formant des bassins d'apparence sans issue, souvent de plusieurs lieues de largeur, descendent du versant oriental de la grande chaîne des Andes, avoisinant les régions équatoriales, enlèvent parfois sur leur parcours d'immenses portions de terres, qu'elles charrient sous forme d'îles flottantes, couvertes encore de leur exubérante végétation et d'animaux étonnés de ne plus être dans leur zone primitive. Ces eaux viennent serpenter à travers des plaines plus basses encore et entre des rives qui parfois disparaissent au loin sous une puissante végétation ; elles convergent vers la pointe sud-est de la Mésopotamie Argentine et se réunissent, sous le 34° degré de la latitude sud, non loin de Buenos-Ayres, dans ce vaste confluent qui va former le Rio de la Plata, tributaire du grand Océan [1].

La première étape de mon voyage à l'intérieur du continent américain ce fut l'Assomption, capitale du Paraguay, bâtie sur un mamelon de sables rouges, marneux et sur des blocs de grès rouges assez friables qui servent de dalles aux principales rues de la ville. Les palais de la présidence, les ministères, la douane, les chantiers de construction qui s'avancent jusqu'auprès de la rive gauche du Rio-Paraguay, s'offrent tout d'abord à la vue et masquent, en quelque sorte, le reste de la cité. Les rues sont percées en ligne droite, comme dans toutes les villes américaines : mais, au Paraguay, l'édification d'un centre quelconque de population se fait, sur le même plan, depuis le simple hameau jusqu'à la grande ville ; on commence toujours par choisir au centre un carré, plus ou moins régulier, sur lequel on élève une église ; les habitants viennent se grouper sur les côtés de cette place rectangulaire dans des maisons qui, en général, n'ont qu'un simple rez-de-chaussée. A l'Assomption se construisent cependant déjà un grand nombre de maisons avec un étage.

Ce n'est pas encore ici qu'il faut chercher les forêts où croît l'arbre à Yerba, quoique l'Assomption corresponde déjà au 25° degré de latitude sud. C'est à l'est de cette ville que se trouvent les Yerbales que je me propose d'aller visiter ; mais les plus rapprochées sont encore assez loin, derrière le versant oriental de la Cordillère qui traverse, du nord au sud, le Paraguay. Il serait aussi court, pour y arriver, de descendre le Rio-Paraguay jusqu'à la forteresse d'*Umaïta*, au confluent du Rio-Paraguay avec le Parana, et de remonter ensuite ce dernier cours d'eau jusque dans le voisinage des *saltos*, sauts ou cataractes, que de franchir, en ligne plus ou moins directe, les plaines marécageuses, les forêts immenses, épaisses et accessibles aux bêtes fauves seulement, et les gorges étroites, souvent impraticables, au milieu de la chaîne de montagnes qui sépare le bassin du Parana de celui du Paraguay. C'est cependant cette dernière voie que j'ai choisie, surtout pour connaître le pays, sa végétation, sa culture et ses habitants. D'ailleurs les difficultés, les dangers mêmes que présente un pareil voyage, ont été beaucoup aplanis par l'inter-

[1] La seule carte du Paraguay qu'on puisse consulter c'est celle de M. Mouchez, un des officiers les plus distingués de la marine impériale de France. Dépôt des cartes et plans de la marine. Paris, 1862.

vention toute sympathique de Son Excellence le général Lopez, président actuel du Paraguay, qui a bien voulu se souvenir, en présence d'un voyageur français, de l'accueil qu'il a reçu en France en 1835.

En peu de jours j'avais formé ma caravane et ramassé les vivres ; le président Lopez m'adjoignit son pharmacien, M. Parodi, chimiste distingué et instruit, d'un commerce très-agréable et qui m'a été d'un secours immense au milieu de ces contrées si nouvelles pour moi. Je suis heureux de lui témoigner ici toute ma reconnaissance.

III. Villa-Ricca. Le tabac, le manioc et le coton. Pain de maïs. Quoique ma caravane fût assez nombreuse, puisqu'elle se composait, en outre de mes deux compagnons, de quatre domestiques et de treize montures tant en chevaux qu'en mules, je fus cependant assez heureux pour atteindre, en quelques jours, non sans fatigues et de nombreuses péripéties, la charmante petite ville de Villa-Ricca, bâtie sur un des mamelons avancés de la grande Cordillère du Paraguay, qui forme comme le fond du tableau grandiose qu'on contemple devant soi, quand on arrive, au coucher du soleil, par les chemins creux, bordés de magnifiques orangers, de bananiers, de goyaviers, en face de cette cité ombragée par une riche et luxuriante végétation. C'est évidemment ici que s'élèveront, un jour, les villégiatures des grands du Paraguay, quand ce riche et délicieux paysage sera rapproché de la capitale par le chemin de fer qui est en voie de construction.

Tout est nouveau ici, excepté le sol qui est toujours argileux et tourbeux dans les bas fonds, sablonneux et rougeâtre dans les parties élevées où le grès rouge apparaît quelquefois en blocs massifs. C'est la zone des grandes cultures du pays, et Villa-Ricca est plus particulièrement renommée pour la production, l'abondance et la supériorité de son tabac. On prétend même avoir acclimaté dans ces terres rouges le tabac de la Havane et l'on désigne cette variété sous le nom de *Canella* ; j'en ai rapporté des échantillons et de la graine ; des essais de culture vont en être faits dans nos possessions algériennes.

Deux plantes alimentaires, le *manioc* et le *maïs*, ne sont pas plus négligées ici que dans les autres parties de la république. Le tubercule du manioc ne renferme que de l'amidon à peu près pur ; il est très-agréable au goût et on le mange comme notre pomme de terre. Réduit en farine, on s'en sert pour faire, avec le lait, une espèce de pain fin que j'ai trouvé délicieux. Mais le véritable pain de ces pays, c'est celui qu'on confectionne avec la farine de maïs et dans lequel on fait entrer du lait, du fromage, des œufs et de la graisse de vache ; ce pain ne lève pas, il est ferme mais il reste longtemps frais, même dans ces contrées si chaudes. Je l'ai trouvé moins appétissant que le pain de manioc; mais il soutient davantage, cela ressort, du reste, de sa composition même. Les Indiens, et les plus pauvres gens n'y font rentrer, en général, ni œufs ni graisse. Ce pain de maïs s'appelle CHIPA. Je dois à la vérité de déclarer ici que j'ai vu des malades dans tous les villages, villes et hameaux, dans toutes mes haltes et que je n'ai jamais trouvé de pellagreux parmi eux.

Les Paraguayens ne cultivent pas spontanément le coton, qui n'est pas non plus indigène dans cette partie de l'Amérique; mais l'administration impose à chaque habitation la culture de 100 pieds de coton. Si l'intérêt devient un jour un stimulant réel, pour les habitants insouciants et peu prévoyants de ces pays, la culture du coton y égalera bien vite celle du tabac. Mais ils sont encore aussi passifs que du temps des Jésuites, ou sous la domination du docteur Francia; leurs habitudes sont toujours les mêmes : ils se lèvent, prient, travaillent et s'endorment au son de la musique; ils ne paraissent pas plus heureux pour cela! Toute la jeunesse valide est sous les armes; aussi ne voit-on dans les rues de l'Assomption que des soldats. Ils sont assez faciles à reconnaître à leur costume qui ne les gêne guère; ils ne portent, en général, qu'un pantalon blanc et un képi planté grotesquement sur l'arrière de la tête; ils vont d'ailleurs pieds nus comme tout le monde. Les femmes elles-mêmes ne portent qu'une longue chemise blanche qui, par une grande échancrure, laisse plus ou moins à découvert les épaules et la poitrine; les manches en sont très-courtes et un ruban de couleur serre à la taille cette longue tunique. Les jeunes filles la portent avec grâce; mais leurs dentelles, leurs longs pendants d'oreille, les bagues brillantes qui couvrent leurs doigts et le peigne d'or qui retient leur noire chevelure n'effacent pas la pénible impression que laisse la contemplation de leur figure large, pâle, amaigrie et défaite. C'est la triste conséquence d'une alimentation insuffisante : ce pays, jadis couvert d'innombrables troupeaux de bétail, ne produit même plus de viandes pour ses habitants; mais c'est aussi un peu la suite de la dépravation et de la débauche.

Ces populations s'empoisonnent par l'abus du tabac; les femmes comme les hommes et les enfants même fument toute la journée; les jeunes filles surtout consomment les tabacs les plus forts. Ce sont elles qui viennent vous offrir le cigare, comme la négresse vous présente le maté, quand vous faites des visites. Est-il besoin de rappeler, en outre, que les races espagnole et portugaise du sud de l'Amérique ont été abâtardies par leur mélange avec les nègres et les Indiens; que les populations qui en sont issues sont ravagées par la plus honteuse des maladies et que leur dégénération physique suit de près leur dégradation morale? Il est à espérer, toutefois, que le jeune et intelligent président du Paraguay, qui, s'il le veut, tient pour longtemps dans ses mains les destinées de ce beau pays, relèvera les forces de son peuple défaillant et le dotera d'institutions sérieuses; il lui garantira ses droits à la justice et à la libre jouissance des biens acquis. Je crois que le président Lopez ne reculera pas devant sa tâche. Il va fonder des écoles primaires; il fera initier aux sciences d'application les plus aptes à l'instruction, parmi la jeunesse actuelle; il confiera à des jeunes gens initiés à l'art de guérir la surveillance hygiénique et médicale des provinces où les soins médicaux manquent encore complétement. Je puis même annoncer que le président Lopez a bien voulu me faire part, quand j'ai pris congé de Son Excellence, de l'intention, certes très-louable, qu'il avait de faire explorer le Paraguay par une commission scientifique, qui établirait ainsi l'inventaire des richesses territoriales, des ressources industrielles et commerciales de son pays.

Puisse-t-il accomplir ces généreux desseins!

IV. LES FORÊTS VIERGES : LES YACUS ET LES MOYTUS. A partir de Villa-Ricca, nous nous dirigeons de nouveau vers l'est et encore au sud; nous ne trouvons bientôt plus que des bois, et sur leur lisière, à de longs intervalles, des fermes, des huttes isolées, entourées de quelques plantations de tabac et de maïs, mais de coton fort peu, et jamais au delà des 100 pieds prescrits par l'administration. Un bétail maigre, chétif et de petite espèce vit dans le voisinage de ces ranchos avec des chevaux grêles et de petite taille également, mais d'une certaine ardeur néanmoins. Dans tout ce pays on ne se sert que de bœufs pour tous les attelages, quels qu'ils soient. Heureux pays du Paraguay, peut-on dire, où les charrettes sont encore les seules voitures de gala! et celles-ci sont traînées par trois ou quatre paires de bœufs. Les courses, les voyages se font à cheval ou à mules; mais celles-ci sont assez rares.

Ainsi, en pénétrant dans ces vastes forêts où règne un silence profond et un calme sépulcral, où les rayons du soleil le plus vertical ne pénètrent même pas, où la fureur des vents et des tempêtes vient échouer, on est saisi d'une terreur invincible; une feuille qui tombe vous fait tressaillir; une branche qui s'agite vous fait craindre le voisinage d'un serpent ou d'un tigre; l'immensité et l'infini épouvantent moins au milieu de l'océan que dans les sentiers étroits et obscurs qui serpentent à travers ces forêts vierges. Parfois seulement, au lever et au coucher du soleil, le voyageur est distrait au milieu de cette solitude navrante par les cris perçants d'un essaim de petites perruches vertes qui passent sur sa tête, à des hauteurs prodigieuses, ou par le cri plus grave de ce magnifique et gros perroquet à queue longue et rouge, l'Ara rouge de Buffon, qui se tient toujours, par paires, sur la cime élevée des arbres séculaires. Dans ces bois, il rencontre aussi plus communément deux grosses espèces de gallinacées, les *Yacus* ou *Pavo del monte*, représentant, en Amérique, du genre gélinotte, dont le nid pend, comme une besace, à l'extrémité des branches supérieures des Urundey, Lapacho, Cedro, de tous ces grands arbres dont le tronc s'élève jusqu'à 30 et même 35 mètres de hauteur. Au milieu de ce groupe de gros oiseaux, dont la chair n'est pas moins exquise que celle de notre faisan, vit une espèce particulière de Hocco, appelée Moytu par les Indiens. Cette magnifique gallinacée porte une aigrette érectile noire et un bec jaune, comme de la cire; elle est complétement noire, même sous le ventre. Cette espèce, qui, par sa grosseur et l'excellence de sa chair, se place à côté de la Dinde, vit parfaitement bien en domesticité; seulement, à l'époque des amours, elle s'envole dans les bois, et l'on prétend qu'e le ne pond jamais qu'en pleine liberté. Le *Moytu* est encore inconnu en Europe, à ce que je crois; j'en attends des œufs, et alors il sera possible, j'espère, d'acclimater cet oiseau dans nos forêts de l'Algérie.

V. CAAGUAZU ET LES YERBALES. En ce moment, je ne puis que très-accessoirement appeler l'attention du monde savant sur les richesses minérales, végétales et animales du Paraguay; sur ses bois incorruptibles, propres à la construction navale ainsi qu'à l'ébénisterie; sur ses substances textiles et tinctoriales; sur sa faune variée et si peu connue; sur les tribus d'Indiens guaranis qu'on peut y étudier encore dans toute leur pureté primitive; j'ai hâte de toucher enfin à la dernière station de ma pénible exploration, à un hameau composé d'une cinquantaine de huttes et bâti sur un petit mamelon, pour ainsi dire au milieu des bois, à *Caaguazú* (grandes herbes), autrefois lieu d'exil, et bien digne d'une pareille destination. On y est réellement à un bout du monde. C'est l'étape la plus reculée, vers la rive occidentale du Parana, où se soit fixée la race blanche. Aussi quelle joie j'ai éprouvée en trouvant dans ce hameau presque un compatriote, un Italien, concessionnaire des Yerbales les plus voisins, que je me propose de visiter C'était un brave Piémontais[1] qui se mit à notre tête et nous conduisit au milieu de ces forêts qui sont restées presque inaccessibles à l'homme blanc, et qui, à quelques lieues de là, vont rejoindre les rives occidentales du Parana. C'est dans ces bois que se trouve encore, en grande proportion, l'arbre à Yerba.

---

[1] Je suis heureux de le dire, c'est parmi des Italiens que j'ai rencontré l'hospitalité la plus gracieuse et la plus empressée, pendant ce voyage dans l'intérieur du Paraguay. Puissent-ils recevoir de nouveau l'expression de mes sentiments de profonde reconnaissance!

Quoique nous ayons laissé derrière nous le massif de la Cordillère du Paraguay, nous avons encore à franchir des collines successives et à traverser des parties marécageuses, pour arriver à l'exploitation de notre hôte. Le sol, qui offre toujours la même constitution, produit cependant de nouvelles espèces végétales; je ne parlerai que de ce petit arbuste que nos conducteurs nous désignent sous le nom guarani d'*Aguará-ibâ*, fruit du renard, que les Espagnols appellent *molle*, et qui, pour M. Parodi, est une plante de la famille des Térébinthacées. L'extrait obtenu par la décoction vineuse des branches, feuilles et fruits de cette plante, constitue le fameux *baume des missions*, dont ce pharmacien a bien voulu me préparer un spécimen que je place sous les yeux de l'Académie. Ce baume a perdu ses prestiges; il ne se prépare même plus, depuis la chute de la domination des Jésuites dans le Paraguay.

Il appartient à des botanistes spéciaux de déterminer si le molle rentre dans le genre *Schinus* ou *Rhus*, ou dans un autre; je me borne à donner, aussi fidèlement que je le puis, les caractères principaux que j'ai constatés sur la plante elle-même. C'est un arbuste vivace qui atteint 1^m,50 à 2 mètres de haut, à tige rameuse, à feuilles alternes, imparipennées, de 3 à 5 paires de folioles lancéolées, son pétiole assez court porte une rainure sur la face supérieure, et une convexité sur l'inférieure; sa fleur axillaire est très-petite, d'un blanc jaunâtre; elle se compose d'un calice à 5 divisions soudées, d'une corolle gamopétale à 5 divisions de couleur jaunâtre, de 10 étamines égales et libres, d'un style unique, avec stigmate conique, d'un ovaire supère. Le fruit forme une petite coque rouge cerise, composée d'une pellicule externe, mince, papyracée, enveloppant un mucilage gluant d'une saveur astringente lequel renferme une graine lenticulaire. Je regrette que le manque de pouvoirs amplificateurs ne m'ait pas permis de pousser plus loin mon examen. Je dépose sur le bureau de l'Académie de la graine du molle avec l'échantillon du baume des missions.

Dans ces régions montueuses et boisées, que nous franchissons, à la suite de notre guide et hôte, nous rencontrons de nouvelles espèces de palmiers, le *Mbocaya* ou *cocos australis*, dont le fruit oléagineux produit l'huile de coco, et le *Yataï*, petite espèce dont le fruit aigrelet forme une grappe semblable à celle du dattier; mais je n'ai vu nulle part qu'on en préparât du vin, ou une boisson alcoolique quelconque, ainsi que le prétendent certains voyageurs. Dans les parties basses et humides, j'ai contemplé avec plaisir de grandes et belles fougères, les seuls représentants sylvestres de notre flore européenne; mais ce sont surtout les fougères en arbres qui m'ont le plus frappé et j'en ai vu dont le tronc était de la grosseur du bras, et avait près de deux mètres de haut.

Nous ne trouvons plus, dans ces régions, ni ferme ni même de huttes; tout est couvert de bois. Nous sommes enfin arrivés dans la zone des *Yerbales*. Ces districts, couverts de l'arbre à Yerba, sont toujours des terrains élevés, formés de sables et de marnes rouges. Bientôt notre hôte attire notre attention sur un arbuste branchu d'un vert éclatant et ayant l'aspect d'un oranger qui s'élève au milieu des autres arbres; c'est l'arbre à Yerba. Nous entrons alors comme sous une voûte taillée dans l'épaisse forêt, et nous suivons un sentier obscur et étroit qui conduit à son exploitation. Nous ne nous y avançons pas sans une certaine hésitation, il est à peine éclairé par le jour qui n'y pénètre que difficilement à travers l'épais feuillage de sa voûte; les chevaux heurtent contre les tronçons d'arbres abattus, à trente centimètres et plus au-dessus du sol; nous écartons les lianes qui menacent notre tête et les branches d'arbres qui nous barrent le passage. Soudain le cheval de notre guide s'arrête tremblant de frayeur et le cavalier est jeté contre un arbre. Nous entendons distinctement devant nous l'herbe froissée, des branches sèches se briser et le bruit que fait un gros animal se sauvant avec rapidité; mais nous ne voyons pas à quatre mètres de nous, dans l'épaisseur du bois. C'était là évidemment un tigre que l'approche de notre caravane a mis en fuite. Mais le danger passé, nos chevaux se remettent en marche; et, après une demi-heure de si pénibles pérégrinations, le sentier nous conduit au centre même de l'exploitation de nôtre hôte.

Ces sortes d'exploitations sont concédées par le gouvernement du Paraguay à des fermiers qui s'engagent à lui livrer le thé tout préparé, à un prix déterminé d'avance. Mais le gouvernement seul conserve le droit de vente de son thé. Une fois qu'une concession d'Yerbales est accordée, le fermier y choisit un point central; il y fait abattre les arbres et le bois, il y plante quelques ranchos, quelques huttes qui servent de logement à ses ouvriers et de magasins pour son thé fabriqué.

VI. Caractères botaniques de l'arbre a Yerba. L'arbre qui fournit la Yerba et qui appartient au genre *ilex*, houx, se présente le plus ordinairement sous l'aspect d'une touffe de rameaux d'orangers qui auraient poussé verticalement comme des branches de lauriers autour d'un tronc principal droit, lequel atteint souvent la grosseur du bras et parvient à une hauteur de trois ou quatre mètres. Son écorce est lisse et d'un vert plus clair que celle de l'oranger. Cet arbre tient à une racine principale d'où partent des radicules rameuses; ses branches droites, presque verticales et dirigées vers le ciel, supportent des feuilles alternes, elliptiques et de couleur verte qui les font confondre, tout d'abord, avec des feuilles d'oranger. Cependant la feuille de cet ilex a une forme un peu plus arrondie; elle présente une largeur plus grande dans sa partie moyenne; sa longueur varie de dix à douze centimètres; elle est légèrement dentée sur toute sa circonférence, où ses dernières anastomoses de nervures n'arrivent pas tout à fait; elle est épaisse, d'un vert luisant plus foncé sur la face supérieure que sur l'inférieure, son pétiole est court et rougeâtre. Les feuilles de cet ilex ne tombent pas pendant l'hiver; elles croissent et se développent pendant deux années; on admet, en général, qu'il leur faut trois ans pour arriver à une bonne maturité; aussi, la récolte des feuilles de la Yerba, pour la fabrication du thé, ne se fait-elle que de trois ans en trois ans dans une même exploitation.

L'époque de la floraison de l'*ilex paraguariensis* tombe dans les mois de novembre, de décembre et de janvier; c'est, pour l'hémisphère sud, la saison printanière. Il m'est donc assez difficile de trouver encore en mars des fleurs de l'arbre à Yerba, mais je peux compter sur le bon vouloir des ouvriers de l'exploitation que je visite. Ceux-ci sont tous des Paraguayens. C'est là un peuple doux, obligeant, d'un caractère passif et indolent. Mélange de sang espagnol et de sang indien : il tient de l'un sa taille élancée, ses extrémités fines, son œil vif et bien fendu, de l'autre, la largeur de sa face, la saillie de ses pommettes et le développement plus considérable de la région maxillaire, ses cheveux noirs, lisses et tombants.

Quelques Indiens guaranis de la paisible tribu de *Caayguas*, qui errent dans ces bois déserts, viennent m'apporter des arcs et des flèches. Ce sont les plus doux, les plus timides des Indiens sauvages. Ils sont complétement nus; une petite corde, faite avec l'écorce de l'*Ivira*, retient autour de leurs reins un chiffon de toile qui passe entre les cuisses et cache les parties sexuelles; ils y attachent un fourreau de cuir qui contient deux couteaux; ce sont leurs seules armes. Leur peau est lisse et grasse, mais nullement cuivrée, comme on le répète un peu trop partout. La couleur de la peau dans cette tribu, comme chez tous les Indiens guaranis, notamment chez les *Payaguas*, que j'ai visités dans leurs tolderias, près de l'Assomption, est assez difficile à préciser; elle présente un fond brunâtre avec des nuances jaunâtres, variant comme la teinte du chocolat, suivant qu'il est plus ou moins étendu.

Sans vouloir insister, quant à présent, sur les caractères ethnographiques de ces races aborigènes, je ne puis oublier que c'est à leur perspicacité et à leur excellente vue que je dois les seules fleurs de l'arbre à Yerba, que j'aie pu étudier. Je reviens donc à mon sujet.

Ces fleurs sont bien petites et elles se présentent sous l'aspect de petits bouquets blancs, en forme de grappes axillaires, ayant chacune au moins une vingtaine de fleurs; d'Azara en a trouvé jusqu'à quarante par grappe ; je n'en ai jamais pu compter autant; probablement cela tient à la saison tardive à laquelle j'ai examiné cet arbre, qui portait déjà ses fruits.

Chaque fleur est composée d'un calice gamosépale à 4 divisions, d'une corolle d'un blanc mat à 4 pétales également soudées à leur base, de 4 étamines égales et placées devant la soudure des pétales. Il ne m'a pas été possible de bien préciser leur insertion autour de l'ovaire qui est surmonté d'un pistil simple, à stigmate large et persistant ; l'ovaire présente 4 loges. Le fruit est une petite baie, d'un rouge violet-foncé qui devient brunâtre et même noir par l'action du feu ; cette baie n'atteint jamais une grosseur plus grande que celle d'un tout petit pois; elle a une enveloppe mince, formée par une pellicule luisante ; son périsperme mucilagineux entoure 4 graines presque tétraédriques dont la face externe appartient à un segment de sphère.

L'arbre à Yerba se reproduit spontanément par sa graine ; on croit que les oiseaux qui en mangent le fruit, contribuent beaucoup à sa propagation, au milieu de ces forêts vierges. Les Jésuites, qui ont tiré un si bon parti de leurs exploitations, cultivaient cet arbre à thé, avec les plus grands soins, d'abord dans leurs réductions, puis sur plusieurs points du Parana. Bonpland, dans une note posthume sur la culture de cet arbre, dans la province de Corrientes[1], nous apprend qu'il en a trouvé encore quelques pieds, en 1717, dans l'île de Martin Garcia, au confluent de l'Uruguay et du Parana. C'est bien à tort que d'Azara a limité au 24° degré de latitude sud la zone des Yerbales, car ceux que je viens de parcourir, au sud-est de Caàguazû s'étendent jusqu'au 26°, et les Yerbales d'Ibitimi sont encore plus au sud. Il est certain que l'arbre à Yerba existe encore aujourd'hui dans toutes les forêts vierges, situées entre le 27° et le 23° degré de latitude sud, sur une longitude comprenant depuis les rives du Parana, jusque sur les derniers contreforts du versant occidental de la grande Cordillère du Paraguay. Mais il est peu probable que cet ilex puisse se conserver dans une latitude plus froide, puisqu'il a déjà disparu dans les établissements des Jésuites, depuis que ceux-ci ont été abandonnés.

Dans la note espagnole attribuée à Bonpland, que je viens de citer, il est question de la culture de l'arbre à Yerba en plaine; la feuille qui, par une bonne exposition au soleil et au grand air, res-

---

[1] La provincia de Corrientes por Vicente Quesada. 1857

terait plus petite que celle de l'ilex Sylvestre, deviendrait cependant
plus aromatique et plus riche en gomme, en même temps qu'elle
atteindrait une meilleure maturité ! Ce sont ces qualités mêmes qui ont
fait la supériorité et la réputation de la Yerba des Jésuites; mais
aujourd'hui cet arbre n'est plus cultivé nulle part, et les exploitations
des provinces Brésiliennes, des Missions et du Paraguay tendent plutôt
à détruire qu'à entretenir les Yerbales; aussi faut-il s'enfoncer de
plus en plus dans les forêts vierges, restées impénétrables jusqu'ici,
pour les nouvelles concessions. —

VII. Fabrication du thé du Paraguay. —Les travaux, dans l'exploitation
des Yerbales, ne durent pas une année entière ; ils sont suspendus en
octobre, novembre, décembre, saison pendant laquelle l'arbre à Yerba
fleurit; ils ne recommencent qu'en janvier ou en février, mais la meilleure herbe est récoltée en automne, dans les mois d'avril, de mai
et de juin. On n'emploie guère, dans une de ces exploitations, qu'une
vingtaine d'ouvriers, armés de lances, de couteaux et de mauvais fusils.
C'est là une rude existence, c'est presque la vie sauvage de l'homme
des bois qui, non-seulement doit supporter un dur labeur, mais
encore toujours être prêt à repousser une attaque d'Indiens et à lutter
avec une bête fauve, un tigre ou un serpent !

Ces hommes, à peu près nus, ne portant qu'un caleçon soutenu à
la taille par une corde dans laquelle ils passent leurs excellents couteaux,
s'éloignent de très-grand matin, dès l'aube du jour, du centre de
l'exploitation et se dispersent, en tous sens, dans la forêt sombre et
silencieuse. Ils vont à la recherche de l'arbre à Yerba; on les entend,
par intervalles, pousser des cris, afin de chasser devant eux les
bêtes fauves, de ne pas trop s'éloigner les uns des autres, dans le cas
où ils pourraient être surpris par des Indiens, et aussi afin de s'encou-
rager dans leurs recherches. Quand un récolteur découvre un arbre
à Yerba, il ne se préoccupe pas de savoir quel est son âge ou le degré
de maturité de ses feuilles ; il ne se contente même pas d'enlever les
petites branches, il émonde complétement les arbres, ne laissant à peu
près que le tronc ; aussi ce traitement fait-il ordinairement périr les
plantes les plus faibles. Ce procédé inintelligent, privé de tout contrôle, de toute surveillance, tend naturellement à faire disparaître, de
plus en plus, cette précieuse plante.

A mesure que le yerbatero dépouille un arbre, il sèche la Yerba,
sur place même, en la faisant passer sur la flamme d'un feu peu
ardent qui ternit l'éclat de la feuille et enlève à celle-ci un certain degré d'humidité. Après cette opération, il entasse la récolte partielle
de chaque arbre jusqu'à la fin de la journée ou jusqu'au moment de
son retour. Mais quand il a ramassé une suffisante charge de Yerba,

il cherche, dans les mêmes parages, un myrte arborescent, connu sous le nom guarani de *guavira-mi*. Cet arbuste a également la grosseur d'un oranger, ses feuilles sont elliptiques, comme celles de l'ilex paraguariensis, mais elles sont un peu plus grandes, d'un vert moins éclatant et d'une épaisseur moindre ; leur insertion est alterne et presque à angle droit ; ses branches ne sont plus verticales comme celles de l'ilex. Il ne m'est pas possible de trouver une fleur de ce myrte, à cette époque de l'année, mais plusieurs branches en supportent encore le fruit qui est une petite baie d'un rouge violet, grosse comme un pois, ayant un seul noyau central, entouré d'un périsperme mucilagineux qui a une saveur aigrelette mais agréable. Mâchée entre les dents, la feuille du guavira-mi donne d'abord une saveur très-aromatique et agréable, qui rappelle à la fois celles du jasmin, de la fleur d'oranger et de l'encens, puis elle laisse dans la bouche une amertume franche et fait sentir à la langue un picottement très-prononcé.

Le yerbatero enlève au guavira-mi les plus jeunes branches qu'il sèche sur place, comme il a fait pour la Yerba ; puis il les mêle avec celle-ci dans la proportion d'un vingtième. Par ce mélange on cherche à donner plus d'arome au thé du Paraguay. Je n'ai pu savoir si c'est là un moyen imaginé par les Indiens, ou bien si ce n'est qu'un perfectionnement introduit dans la préparation de la Yerba par les Espagnols, cherchant ainsi à imiter le procédé de fabrication du thé chinois. On sait, à ne plus en douter, que l'aromatisation des diverses sortes de thés chinois est liée à un certain mélange des feuilles du thé avec celles de l'olea fragrans, du camellia sesanqua et autres à parfum délicat.

A la fin de la journée, chaque récolteur de Yerba ramasse les produits partiels de sa récolte dans une espèce de filet en lanières de cuir, appelé *raïdic* et les porte au centre de l'exploitation. L'herbe séchée, comme je l'ai dit, peut rester en tas un jour ou deux sans crainte de fermentation. La livraison de chaque ouvrier collecteur est pesée, car le salaire de chacun est en rapport avec la quantité d'herbe fournie. A mesure que celle-ci arrive au centre de l'exploitation, on la soumet à la torréfaction définitive. A cet effet, on l'étend sur une espèce de gloriette à claire-voie, qu'on appelle un *barbaquoi*, et qui peut supporter jusqu'à 150 arrobes (1600 kilogr.) de Yerba fraîche. On fait ensuite un feu bien nourri au centre de cette gloriette, largement ouverte d'avant en arrière ; deux ouvriers très-habiles sont spécialement chargés de surveiller la dessiccation de la Yerba ; ils accélèrent ou modèrent le feu ; ils tournent et retournent les branches à mesure que celles-ci se sèchent, sous l'action de la fumée et de la flamme du bûcher de bois vert. Ordinairement la torréfaction n'est complète qu'en 12 et même en 15 heures. Alors le feu est retiré ; la sole du barbaquoi, qui est en terre glaise, battue et bien unie, est balayée avec soin ; elle a été séchée par le feu et elle est encore brûlante ; la Yerba y est étendue et des ouvriers armés d'espèces de grands sabres plats en bois, appelés *apareadores*, la battent, la brisent jusqu'à ce que branches et feuilles soient réduites en une véritable poussière. Une fois refroidie, cette poussière est recueillie et portée dans un magasin voisin où on l'entasse, la couvre de peaux sèches et la charge de poids. On croit qu'ainsi entassée, la Yerba acquiert plus d'arome en passant par un certain degré de fermentation.

Après deux ou plusieurs mois, suivant les besoins du commerce, cette poussière grossière, qui est mêlée de petits fragments de branches, qui est d'un vert plus ou moins foncé et qui, à cet état, constitue la Yerba-maté ou le thé du Paraguay, est tassée à l'aide d'un instrument dit *atacador*, dans des sacs en cuir appelés *surons* ou *tercios*, qui en contiennent de 8 à 10 arrobes (de 100 à 125 kilogr.), et elle est livrée aux entrepôts de l'État. Ainsi préparé, ce thé peut rester des années entières sans s'altérer, sans perdre de son arome.

Autrefois, surtout dans les exploitations des Jésuites, on faisait deux variétés de ce thé : l'une ne contenait que les feuilles triées avec soin et finement pulvérisées, c'était le *caa-mini* ou *caá-miri*, herbe fine qui était la variété supérieure et la plus chère, mais aujourd'hui on ne se donne même plus la peine de faire ce triage. L'autre variété renfermait, outre les feuilles, les branches brisées ; elle ressemblait à la Yerba grossière que j'ai décrite ci-dessus ; on l'appelait à cause de cela *caa-guazú*, herbe grossière, expression que les Espagnols ont traduite par *Yerba de palos*. Ces distinctions ne sont plus observées aujourd'hui ; la bonne qualité et la réputation de la Yerba dépendent de l'époque de l'année à laquelle la feuille a été récoltée et de la localité d'où elle provient ; toutefois les soins apportés à sa préparation, principalement ceux qui président à sa torréfaction, influent considérablement sur la délicatesse du parfum de ce thé.

VIII. Commerce de la Yerba-maté. — C'est la supériorité du thé du Paraguay sur celui du Brésil et des Missions qui l'a fait rechercher de tout temps, même à des prix plus élevés, sur tous les marchés de l'Amérique méridionale. Du temps de d'Azara, le Paraguay en exportait plus de 5 000 quintaux (3 millions de kilogr.) dans les provinces Argentines, environ 1 000 quintaux (1/2 million de kilogr.) au Potosi, autant au Pérou, au Chili et à Quito. Ainsi, vers la fin du siècle dernier, ce seul petit État exportait plus de 4 millions de kilogr. de Yerba, lesquels représentaient, pour le moins, une valeur de 10 millions de francs. S'il est vrai qu'il ne s'en écoule plus aujourd'hui qu'environ 5 millions de livres (2 millions 1/2 de kilogr.), cela tient à ce que les provinces Argentines consomment plus de Yerba des Missions et que le Brésil se contente de celle fournie par ses propres provinces, le thé de ces deux provenances étant d'un tiers au moins meilleur marché que celui du Paraguay. Y aurait-il là des raisons suffisantes pour engager le gouvernement paraguayen à renoncer à son monopole? Je ne le pense pas, pour quant à présent, quoi qu'en disent certains voyageurs trop prévenus contre le Paraguay. Il suffit d'avoir parcouru ce pays, d'avoir vécu tant soit peu au milieu de sa population indolente, insouciante et passive, pour comprendre que le libre abandon qu'on lui ferait de l'exploitation des Yerbales ce serait condamner cette industrie même à une ruine certaine. Mais, d'un autre côté, il ne me paraît pas moins certain non plus qu'en réglant les concessions, de manière à ce que les arbres ne soient pas dépouillés de leurs feuilles trop jeunes, à ce que les concessionnaires puissent préparer et vendre librement la Yerba, à leurs risques et périls, et après avoir acquitté simplement un droit à l'État; il me paraît certain que, dans ces conditions, la fabrication et le commerce du thé du Paraguay prendront une extension et une importance plus grandes, que la population ouvrière y gagnera en bien-être et que le budget du gouvernement paraguayen y trouvera une source de prospérité plus sérieuse et plus durable.

IX. Usage de la Yerba-maté. — Quand on voit quel usage immodéré les Indiens font de la Yerba, soit en infusion, soit sous forme de légumes; quand on rapproche la manière de prendre ce thé, dans les pays sud-américains, de nos habitudes européennes, on n'hésite pas à croire que les conquérants espagnols et portugais ont trouvé ce thé déjà dans toute sa vogue parmi ces tribus sauvages, et qu'ils n'ont fait qu'imiter, sous ce rapport, les peuples aborigènes. Aujourd'hui encore, la Yerba se prend dans les tolderias de l'Indien de la même manière que dans les palais présidentiels de l'Assomption, de Buenos-Ayres ou de Montévideo; partout on se sert d'une petite calebasse qui est une courge creusée, séchée et diversement ornée, appelée maté. Par extension, on emploie ce mot même à la place de Yerba. Ainsi, l'on dit: prendre un maté, pour une infusion de Yerba, un bon maté, pour une bonne infusion de ce thé, etc. — La personne qui est chargée de vous préparer et de vous présenter le maté, et c'est ordinairement une négresse ou la fille même de la maison, commence par placer dans cette courge un tube un peu plus gros qu'un tuyau de plume, renflé à sa partie inférieure en forme de boule, percée de trous assez fins pour que la poudre de Yerba n'y puisse passer. Le tube, qui a de 20 à 25 centimètres de longueur, est en paille chez les pauvres Indiens, en argent ou en or chez les nouveaux indigènes, dans les familles espagnoles et portugaises; on l'appelle *bombilla*. Cette bombille étant ainsi placée dans le maté, on remplit celui-ci aux deux tiers avec de la poudre de Yerba ; on y ajoute du sucre également en poudre ; puis on y verse de l'eau bouillante, tant que la courge peut en contenir, et on le sert. On aspire par la bombille le liquide, qui est chargé des principes aromatiques et solubles de la Yerba. Quand on a épuisé l'eau du maté, ce qui se fait en quelques gorgées, on le rend à la domestique, qui se tient devant vous les bras croisés sur la poitrine; celle-ci remplit le maté d'eau bouillante et le présente à votre voisin. Quand celui-ci l'a épuisé, on y remet de l'eau une troisième fois, puis une quatrième, et on renouvelle ainsi l'eau bouillante tant qu'elle se charge de principes aromatiques, en ayant soin d'y ajouter chaque fois seulement un peu de sucre. Ainsi, une seule charge de Yerba suffit pour 6 ou 8 infusions successives. Chaque personne prend ordinairement 3 ou 4 matés de suite, et cela se répète au moins 3 fois par jour : le matin au lever, après la sieste et dans la soirée, sans compter les nombreux matés qu'on prend dans la journée en faisant des visites. L'homme des champs, le gaucho, ne se met jamais en route sans avoir un petit sac de Yerba et un petit pot en fer ou en terre cuite pour chauffer de l'eau. Son premier soin, dans une halte, après avoir lâché son cheval dans le pâturage, c'est de préparer son maté. Je dois convenir que la boisson la plus agréable en voyage, c'est sans contredit le maté, même pris sans sucre, comme cela arrive assez communément dans les forêts vierges.

Les gourmets, dans les villes, prennent le maté, soit avec du lait, soit avec du caramel, soit avec un peu de jus de citron, etc. Ils traitent l'infusion de la Yerba absolument comme chez nous nous en usons avec celle du thé chinois : mais il est évident que nos habitudes européennes ne sauraient se prêter à cette manière de sucer des tasses de thé. J'ai communiqué, à cet égard, ma manière de voir au président actuel du Paraguay ; je n'ai pas eu de peine à lui faire comprendre que, pour que la Yerba fût acceptée en Europe, pour qu'elle pût même s'y produire comme un thé, il faudrait songer à la présenter sous une autre forme, en feuilles, par exemple. Le président Lopez partage tellement cette manière de voir, qu'il a déjà fait faire des essais de cette nature et qu'il m'a remis un échantillon de sa nouvelle préparation, dont j'ai l'honneur de déposer un spécimen sur le bureau de l'Académie. Mais je dois ajouter que ces feuilles ont passé par les mêmes opérations que la Yerba ordinaire, avec cette différence

seulement qu'elles n'ont pas été brisées, broyées, qu'elles sont restées entières et qu'elles ne contiennent pas de petiles branches de
l'arbuste. Mais cette préparation exige bien d'autres soins : il faudrait d'abord songer à surveiller la récolte des feuilles, à ne choisir
que celles qui sont mûres ; il conviendrait surtout de modifier les procédés de torréfaction, d'entourer cette opération de soins mieux entendus et d'étudier, d'une manière toute spéciale, les mélanges de
la Yerba avec d'autres plantes plus aromatiques et chargées de par-
fums plus accentués. Les propriétés si précieuses de ce thé, qui découlent d'ailleurs de sa composition élémentaire, dont j'ai à dire
quelques mots, plaideront puissamment en faveur de modifications
que je ne puis indiquer que d'une manière générale, mais qui sont
impérieusement réclamées, si l'on veut tenter sérieusement son introduction dans nos habitudes européennes.

X. Composition élémentaire du thé du Paraguay. —C'est plutôt par in-
tuition que par des données positives que les anciens voyageurs ont
admis dans la Yerba un principe essentiel auquel ils rapportèrent
l'action spéciale de ce thé sur l'économie vivante et auquel, en
raison de son origine, ils donnèrent le nom de *guaranine* ou *gua-
rine*. Les seules recherches sérieuses, que je sache du moins, offrant
des garanties scientifiques, et entreprises en vue de la composition
élémentaire de la Yerba, ont été faites par M. Parodi, pharmacien
chimiste à l'Assomption, qui m'a accompagné dans les Yerbales pour
voir de près la fabrication de ce thé. Ses analyses lui ont fait décou-
vrir dans la Yerba une substance azotée, cristallisable et semblable à
la théine et à la caféine. Ce pharmacien a voulu pousser ses investigations plus loin, et il est parvenu à déceler, parmi les éléments con-
stitutifs de la Yerba :

De la théine,
De l'acide caféique,
Du cafetanate de théine,
Une huile essentielle,
De la résine, de la cire et de la chlorophylle,
De la gomme,
De l'albumine végétale,
De la matière colorante rouge,
De la cellulose et des sels.

Ces mêmes éléments se retrouvent, et dans le café et dans le thé ;
les proportions en sont même déterminées aujourd'hui rigoureuse-
ment par la chimie. C'est toutefois la méthode suivie par le pharmacien de l'Assomption, qu'il faudrait connaître dans tous ses détails ;
les analyses des substances organiques sont trop délicates pour que

les procédés n'aient pas une très-grande importance. Il est assez étonnant de voir que Mulder a obtenu du thé, par son procédé d'analyse, une quantité tellement faible de théine, qu'on ne saurait, d'après M. Liebig, lui attribuer aucune part dans la nutrition, tandis que M. Steinhouse en a retiré des quantités deux fois plus grandes, 1 et même 1,27 pour 100 parties de thé, et M. Péligot, perfectionnant la méthode, en a obtenu trois fois plus de théine et il est certain, dit-il, que ce n'est pas encore là toute la théine contenue dans le thé. Mais, pour établir un parallèle sérieux entre ces trois espèces de produits végétaux, il faudrait posséder au moins une analyse quantitative de la Yerba ; il faudrait peut-être surtout que les résultats que je viens de rapporter fussent contrôlés en Europe, avant de chercher à rapprocher, par la composition chimique, le thé du Paraguay de celui de la Chine et du café. A défaut de ces données scientifiques, j'invoquerai celles fournies par l'observation quotidienne des effets que l'usage du thé paraguayen produit sur l'organisme vivant, et que je crois devoir rapporter principalement à ses principes astringents, à sa richesse en tannin.

XI. ACTION PHYSIOLOGIQUE DE LA YERBA. — L'infusion pure et fraîche de la Yerba est d'un jaune pâle, verdâtre, qui devient verte et même vert foncé et noire par le repos prolongé ; elle dégage une odeur légère qui rappelle à la fois celle de la mauve, du tilleul et du myrte, sa saveur est faiblement aromatique et amère, qui laisse dans la bouche un certain goût de fraîcheur agréable et franche. Cette infusion, surtout celle faite avec la feuille entière, à la manière du thé chinois, conserve parfois un goût de fumée qui provient des moyens grossiers employés pour sa torréfaction, mais qu'on corrige sensiblement en y faisant dissoudre un peu de caramel.

Cette boisson, prise toujours très-chaude, apaise la soif et calme la faim ; presque aussitôt après qu'on a humé deux ou trois matés on se sent plus dispos, comme restauré, comme ranimé, sans éprouver de surexcitation, sans ressentir même cette chaleur à la peau que produit l'ingestion d'une infusion de thé chinois ; les fonctions de l'économie semblent activées, et cependant la circulation n'est nullement modifiée ; on se trouve plus vigoureux, sans avoir passé par un travail de digestion ; les organes ont repris une énergie nouvelle, qui se soutient pendant des heures entières. Quel est le voyageur parcourant ces vastes pays de l'Amérique méridionale, qui n'a pas savouré avec délices la Yerba-maté préparée dans les haltes, au milieu des forêts vierges, et qui n'a pas retrouvé, dans cette simple boisson, sans autre addition que du sucre et même pas toujours, les forces qui semblaient l'abandonner et le courage nécessaire pour supporter de nouvelles fatigues? Tous ceux qui connaissent le *gaucho*, ce nomade semi-espagnol et semi-indien, savent qu'il court, pendant des journées entières, à travers les plaines désertes et les pampas, sans autre aliment que son maté, qu'il prépare partout, au milieu d'un bois, dans le rancho solitaire de l'Indien ou sur les bords d'un ruisseau, pendant que son coursier pâture à ses côtés.

Il n'est pas étonnant que l'usage du maté soit devenu si général dans l'Amérique du Sud, quand on constate l'identité, à peu près, de l'action physiologique de cette boisson et de celle du café et du thé chinois lui-même. Cette action paraît due à un principe azoté identique, la théine, qui se retrouve dans ces trois espèces végétales, et qui a la plus grande analogie de composition chimique avec une substance organique azotée qui fait la base même de la fibre musculaire des animaux, la créatine. M. Péligot [1], par ses recherches si sérieuses sur la composition chimique du thé, était amené à penser que cette boisson est nourrissante à cause de la proportion et de la nature des substances qui la composent. Après lui, M. Liebig [2] déclare que c'est probablement à la présence de la théine dans le thé, le café et le maté, que ces boissons doivent leur action stimulante et tonique qui les place au rang de nos aliments, à côté même de nos bouillons de bœuf.

Si l'usage modéré de la Yerba produit une action physiologique précieuse, plus tonique que stimulante, il est facile de comprendre que l'ingestion souvent renouvelée de cette infusion éloigne l'appétit, dérange les fonctions de l'estomac et donne à l'appareil digestif une certaine atonie, qu'on constate chez tous les grands buveurs de maté dans la Plata, mais plus particulièrement chez les femmes, qui font un si grand abus de cette boisson. Les buveurs de maté mangent fort peu, ont un faible embonpoint ou plutôt ils sont maigres, mais ils conservent néanmoins une énergie assez extraordinaire. Des dyspepsies de tout genre sont la conséquence la plus ordinaire de l'abus du thé paraguayen [3]. Toutefois, ces affections disparaissent dès qu'on fait cesser l'abus ; « *ablata causa, tollitur effectus.* »

Je n'ignore pas qu'on reproche encore à l'usage du maté, surtout à l'action d'aspirer cette infusion à l'aide d'un tube ordinairement très-chaud, de gâter, de corrompre les dents. Il est vrai que les néo-indigènes de la Plata, de race espagnole et portugaise, ont générale-

---

[1] Voir la *Monographie du thé*, par Houssaye. Paris, p. 106.
[2] *Chemische Briefe* v. J. Liebig. Leipzig, 1859. Vol. II, p. 180.
[3] M. le docteur Martin de Moussy, qui a pratiqué la médecine pendant un grand nombre d'années dans les pays de la Plata, reconnaît que l'abus du maté diminue l'appétit et contribue à cet état de langueur de l'estomac dont se plaignent plus particulièrement les femmes. (*Description de la Confédération Argentine*, t. II. Paris, 1861.)

ment de fort mauvaises dents, et les plus belles personnes de ce type si parfait sont exposées, au retour de la saison pluvieuse, aux fluxions, aux maux de dents et à un affreux gonflement de gencives. Mais sont-ce là bien réellement des conséquences du maté? On avait dit de même, que le thé chinois exerçait une fâcheuse influence sur les dents, reproche que M. le professeur Trousseau[1] ne juge même pas assez sérieux pour lui accorder une réfutation, dans sa note sur l'action hygiénique et médicale de cette boisson. Je ne saurais réfuter autrement cette accusation, qu'en rappelant que les habitants du Paraguay, qui font un usage bien plus considérable de la Yerba que les Argentins, ont cependant de belles et bonnes dents, en général; que, de même, le gaucho, qui vit dans les champs et qui abuse du maté autant et même plus que les citadins, conserve cependant ses dents parfaitement saines et dans un bel état de blancheur ; que les nègres et tous les individus de couleur, quelle que soit leur nuance, conservent dans ces contrées sud-américaines, leurs dents saines et blanches, tandis que les familles européennes, au milieu desquelles ils vivent en domesticité, et dont ils ont adopté cependant toutes les habitudes, ont de mauvaises dents. C'est donc ailleurs que dans l'usage du thé qu'il faut chercher les causes probablement multiples de la mauvaise dentition des habitants d'origine européenne de ces pays; je pense que cela tient à leur constitution molle, dans un pays plat et humide?

XII. CONCLUSION. — Il ressort donc de toutes ces observations, que la Yerba-maté, prise comme boisson alimentaire, par toutes les populations aborigènes, néo-indigènes, ou étrangères, de n'importe qu'elle origine, de l'Amérique méridionale, produit sur l'économie vivante une action physiologique, qui la rapproche naturellement du thé chinois et du café, avec cette particularité, toutefois, que son influence stimulante et tonique est moins fugace et plus réparatrice. Mais le thé du Paraguay présente, en outre, des avantages bien réels et bien précieux, qu'on ne retrouve plus dans l'infusion de ses deux congénères, c'est qu'il n'excite pas le système nerveux et que surtout il ne trouble pas le sommeil. Ces qualités précieuses feront rechercher cette boisson d'abord par une foule de personnes que leur excitabilité prive de l'usage du café et du thé chinois, ensuite elle convient au voyageur qui parcourt des pays peu habités, des déserts, ou qui ne peut transporter avec lui des aliments plus réparateurs ; elle rendrait de grands services à une armée en marche, ou en campagne qui, dans une simple halte, pourrait retrouver, à l'aide de cette boisson,

---

[1] *Monographie du thé*, par Houssaye, p. 121.

ses forces et sa vigueur, au moment même d'entrer en lutte. Ce thé serait plus particulièrement utile à nos colons algériens, obligés de vivre souvent loin de chez eux, pendant des journées entières, et de supporter la faim et la soif, dans des régions inoccupées ou inhospitalières. Aussi j'espère que les graines de ce houx, que j'ai apportées du Paraguay, germeront dans nos terres d'Algérie et qu'elles reproduiront l'arbre à Yerba qui s'acclimatera aisément dans nos possessions africaines.

Les usages de la Yerba en médecine me semblent bien nettement indiqués dans tous les états de maladie, de convalescence ou d'hygiène où il s'agit de soutenir sans exciter, sans nourrir réellement, sans fatiguer même les organes, dans tous les cas où il est important de tromper la faim.

Je ne doute pas que le thé du Paraguay, par son parfum et ses qualités propres, ne réponde à toutes ces indications générales ; il n'est pas à craindre qu'il ne soit accepté, avec empressement, par les populations de l'Europe, au même titre au moins que le café et le thé, si on entoure sa fabrication de soins mieux entendus, si on lui donne une saveur plus en rapport avec nos exigences sociales, et si on lui communique les aromes auxquels notre goût nous a le plus habitués.

TABLE DES MATIÈRES

Avant propos.	v

De la production, de la conservation et du commerce des viandes de la Plata, au point de vue de l'amélioration du régime alimentaire en Europe.

Première partie.	5
   I. Importance de l'aliment emprunté au règne animal.	5
   II. Production des espèces bovine, ovine et chevaline dans la Plata. .	9
      1. Constitution générale du sol platéen. . . . .
      Ossements fossiles. — Le glyptodon.	9
      2. Conditions climatériques. . . . .
      Tremblement de terre, destruction de Mendoza, en 1861 . .	12
   III. Population et cultures de la Plata.	17
   IV. Des *estancias* servant à la production des espèces bovine, ovine et
     chevaline.	21
      a. Création des estances.	21
      b. Estances pour l'élève du gros bétail.	24
      c. Estances pour l'élève de l'espèce ovine.	25
      d. De l'élève des chevaux et des mules.	28
   V. Conclusion. Création d'estancias en Algérie.	30

Deuxième partie. De la conservation et du commerce des viandes de la

Plata.	31
   I. Historique. — Qualité de la viande du bétail de la Plata.	31
   II. Dessiccation à l'air et sans sel.— *Carne seca* ou *dulce*	33
   III. *Saladeros* ou saladères.	35
      1. Organisation des saladères.	35
      2. Opération des saladères.	36
      a. Abatage.	36
      b. Préparation de la peau.	38
      c. Extraction de la graisse.	38

    d. Préparation de la viande, le Tasajo 39
    e. Préparation des langues de bœuf. 41
  3. Piles de viande formées en hiver. 44
  4. Rendement moyen d'un saladèro. 42
  5. Améliorations à introduire dans la préparation des viandes des
    saladères. 43
IV. Commerce de la viande salée et séchée. — Tasajo   44
V. Procédés divers préconisés pour la conservation des viandes de la
    Plata. 45
  1. Procédés qui entrent dans la méthode par la voie sèche. . . . 45
  2. Moyens applicables à la conservation de la viande de mouton. 47
  3. Procédés qui rentrent dans la voie humide. 47
VI. Conservation des viandes en piles. Résultats obtenus parmi les po-
    pulations manufacturières de Mulhouse. — Avenir. 48
VII. Conclusions. 51

DE LA YERBA-MATÉ OU THÉ DU PARAGUAY.

  I. Provenances de la Yerba. 53
  II. Les yerbales de l'intérieur du Paraguay. 55
  III. Villa-Ricca. — Le tabac, le manioc, le coton, le pain de maïs. . . 57
  IV. Les forêts vierges, les yacus et les moytus. 59
  V. Caâguazu et les yerbales. 60
  VI. Caractères botaniques de l'arbre à Yerba. 62
  VII. Fabrication du thé du Paraguay. 65
  VIII. Commerce de la Yerba-maté. 67
  IX. Usages de la Yerba-maté. 68
  X. Composition élémentaire du thé du Paraguay. 70
  XI. Action physiologique de la Yerba 71
  XII. Conclusions. 73

DE L'IMPORTATION DE LA FIÈVRE JAUNE DANS L'AMÉRIQUE DU SUD. —
ÉPIDÉMIES DE RIO-DE-JANEIRO. — PROPAGATION DE LA MALADIE A MONTÉ-
VIDEO ET A BUENOS-AYRES. 75

  I. Sources de cette notice historique. 77
  II. Importation de la fièvre jaune au Brésil avant 1849. 79
  III. Invasion des ports de mer du Brésil par la fièvre jaune en 1849 et
    1850. 80
  IV. Rapports entre la marche de ces épidémies et les conditions clima-
    tériques. 82
  V. Symptômes généraux et lésions cadavériques observés pendant la
    première épidémie de fièvre jaune à Rio-de-Janeiro. 83
  VI. Épidémie de fièvre jaune à Rio-de-Janeiro en 1860 et 1861. . . 86
  VII. Propagation de la fièvre jaune à Montévideo. 90
  VIII. Propagation de la fièvre jaune à Buenos-Ayres. 95
    Conclusions. — Propositions 99

PARIS. — IMP. SIMON RAÇON ET COMP., RUE D'ERFURTH, 1.

De l'importation

de la Fièvre jaune dans l'Amérique du Sud.

Épidémie de Rio-Janeiro.

Propagation de la maladie à Montévideo

et à Buenos-Ayres.

L'IMPORTATION DE LA FIÈVRE JAUNE

DANS L'AMÉRIQUE DU SUD.

I. — Sources de cette Notice historique.

Dans une exploration assez rapide que je viens de faire, à travers les contrées sud-américaines qui sont comprises entre le Brésil et la cordillère des Andes, et qui se trouvent échelonnées sur ces immenses cours d'eau qu'on appelle Rio-de-la-Plata, Rio-del-Uruguay, Rio-Parana, Rio-Paraguay, etc., j'ai eu pour mission spéciale d'étudier plusieurs questions relatives à l'hygiène alimentaire; mais, au milieu de populations si nouvelles pour moi, je n'ai pu complétement oublier mon rôle de médecin ; et, dans bien des circonstances, j'ai dû constater que les maux de la famille humaine ne sont ni moins graves, ni moins communs dans le nouveau monde que dans l'ancien. Le plus grand nombre de malades que j'aie vus, c'est évidemment au Paraguay ; on ne connait encore de médecins, dans ce pays, que les voyageurs qui le parcourent, et ceux-ci y sont rares depuis la mort de Bonpland, de Rengger et de Longchamps. Je ne prétends pas cependant dire par là qu'il y ait plus de malades au Paraguay qu'ailleurs, parce qu'il n'y a pas de médecins. Du reste, la proposition ainsi formulée ne serait pas vraie dans tous ses termes, car les sciences médicales sont représentées dans ce pays par trois chirurgiens anglais qui y forment déjà des élèves et des aides. Ils m'ont fait voir beaucoup de malades présentant des phénomènes curieux, qui pour la plupart se rattachaient à la diathèse syphilitique ou à la constitution anémique de cette population, laquelle ne vit que de substances féculentes, de manioc et de maïs.

Le Paraguayen ne connait pas d'autre pain que celui fait avec de la farine de maïs, et cependant, d'après les médecins anglais que j'ai interrogés à ce sujet, d'une manière toute spéciale, il n'y aurait pas de pellagreux dans ce pays.

Quoi qu'il en soit d'ailleurs de cette question, je ne me propose de traiter en, ce moment, que de l'apparition de la fièvre jaune au Brésil, de son développement et de son endémicité à Rio-Janeiro, de sa propagation à Montévideo et à Buenos-Ayres. Je n'ai pas séjourné dans ces pays, je n'ai donc pas observé par moi-même les épidémies dont je vais parler, je n'ai même vu que fort peu de cas de fièvre jaune, isolés et sporadiques; mais je puis baser cette notice historique sur des données authentiques empruntées à des sources diverses. C'est ainsi que je possède des documents imprimés que j'ai pu consulter :

1º Le rapport sur la salubrité de la ville de Rio-Janeiro et, en particulier, sur la fièvre jaune qui a sévi dans cette ville en 1851, 52, 53 et 1854 (*Relatorio sobre medidas de salubridade..... é á cerca da febre amarella em particular.....*) par le docteur Fr. de Paula Candido, président de la Commission sanitaire, etc. — Rio-Janeiro, 1854 ;

2º La statistique de l'hôpital de la Miséricorde de Rio-Janeiro, année 1860 et 1861 (*Relatorio de cabinete estatico....: da Santa-Casa da Misericordia.....*)

3º La statistique de la province de Buenos-Ayres, année 1858. (*Registro estadistico del.....*)

4º Mémoire sur la fièvre jaune qui a régné à Montévideo en 1857, par le docteur Brunel ;

5º Description de la Confédération argentine, Paris. 1861, tome II, page 307 (maladies épidémiques), par le docteur Martin de Moussy.

J'ai puisé moi-même dans les registres des hôpitaux de Montévideo et de Buenos-Ayres les relevés des malades et des décès, pendant plusieurs années, mais principalement ceux concernant les épidémies de fièvre jaune.

Enfin, j'ai contrôlé toutes ces considérations historiques par le témoignage et par les communications verbales des médecins indigènes, et surtout des médecins francais qui pratiquent notre art à Rio-Janeiro, à Montévideo et à Buenos-Ayres. Et ces témoignages sont dignes de foi ; car on ne vient pas exercer la médecine dans ces pays, comme chez nous, où l'on trouve encore des praticiens qui n'ont point de titres français, qui ne sont docteurs d'aucune de nos facultés et qui n'ont même pas subi un examen d'officier de santé ! (1)

(1) Qu'il me soit permis de rappeler, à cette occasion, que nul docteur étranger, à quelque faculté qu'il appartienne, n'est autorisé à exercer la médecine, dans les États hispano-américains, s'il n'a subi des examens devant un jury spécial et même, dans la Confédération argentine, il est tenu de passer cinq examens et une thèse ; et j'ajouterai que tous nos docteurs européens ne sont pas toujours admis. L'année dernière un médecin anglais a été refusé deux fois au cinquième examen. Après un troisième échec, on ne peut plus se représenter. A cette même époque j'ai assisté à la réception brillante d'un docteur de la Faculté de Paris, qui venait de passer, avec un certain éctat, les cinq examens et la thèse devant la Faculté de Buenos-Ayres.

II. — Importation de la Fièvre jaune au Brésil, avant 1849.

On dit généralement et l'on répète, sans trop se préoccuper de la véracité du fait, que la fièvre jaune s'est rencontrée au Brésil, pour la première fois, en 1850 ; je trouve cependant mentionné dans le rapport du docteur Candido, qu'en 1823, une chaloupe de guerre anglaise, *the Bann*, ayant quitté Sierra-Leone en mars, fut infectée à l'île de l'Ascension ; qu'en même temps un autre bâtiment de guerre, *the Driver*, dont l'équipage était en parfaite santé en quittant la côte d'Afrique, fut également contaminé à l'île de l'Ascension, *après avoir communiqué avec le Bann* ; ces deux navires vont à Bahia, avec des cas de fièvre jaune, et cependant cette maladie ne se propage pas dans cette ville. Il est entré à l'hôpital de la Miséricorde, à Rio-Janeiro, en 1836, deux marins américains qui avaient une grande prostration, qui étaient jaunes et qui ensuite ont eu le délire : *dous marinheiros americanos, amarillos com grande prostração depois delirio*. L'un meurt le troisième jour ; à l'autopsie on trouve de la sérosité notablement jaune dans le péricarde, dans la cavité péritonéale et dans les ventricules du cerveau. La maladie, encore alors, ne s'est propagée ni en ville, ni à l'hôpital, elle s'est éteinte sur place.

Ainsi, la fièvre jaune s'est montrée au moins deux fois, avant 1850, dans les ports de mer les plus peuplés, les plus fréquentés du Brésil, sans s'y propager ; et, depuis 1842, elle sévit d'une manière épidémique, même elle est devenue endémique à Guayaquil, qui correspond à 3 degrés, à Lima, qui est à 12, et dans tous les ports de l'océan Pacifique, sur la côte occidentale dé cette même partie de l'Amérique, jusqu'au 22e degré de latitude sud. Or, des bâtiments ont incontestablement porté plus souvent la fièvre jaune sur la côte orientale, dans les ports de mer du Brésil, et cependant cette maladie ne s'est propagée, avec les caractères et dans la proportion d'une épidémie, à Bahia (12o,58') et à Rio-Janeiro (22o,54'), qu'en 1849. Donc, l'importation n'a pas suffi pour développer cette maladie et la propager dans les ports du Brésil, où elle est aujourd'hui endémique, comme sur la côte opposée du même continent. Donc, la cause occasionnelle de l'importation a exigé des conditions essentielles et nouvelles, pour amener le développement de la maladie. Quelles sont ces conditions ? doit-on se demander aussitôt. Sont-elles liées à des influences telluriques, atmosphériques, hygiéniques, etc. ?

III. — Invasion des ports de mer du Brésil par la Fièvre jaune, en 1849 et 1850.

Ces sortes de questions, et bien d'autres, peuvent être posées, mais nous sommes loin de posséder des éléments suffisants qui nous permettent de les aborder directement. Je vais essayer cependant de les attaquer, en me guidant d'après les faits constatés et généralement reconnus exacts, en fixant d'abord l'époque et le mode d'importation.

Un navire nord-américain, *Brasil*, qui se trouvait à la Nouvelle-Orléans, et qui y chargeait des noirs, pendant l'été de 1849, alors que la fièvre jaune y régnait, arrive en septembre à Bahia, où il communique librement, quoique ayant des malades à bord. En octobre, se déclarait, dans cette ville, des maladies qui présentaient d'abord les caractères de la fièvre continue grave ; mais en décembre, il n'y eut plus de doute, c'était bien la fièvre jaune qui allait croissant en intensité et en gravité, pendant tout le mois de janvier. Il y avait, dans le port de Bahia, encore à la fin de novembre : la barque américaine la *Navarre*, le navire français *Alcyon*, le brick danois *Polux*, la corvette portugaise *D. João Iᵒ*, le packet anglais *Petrel*, les bâtiments brésiliens *Carioca* et *Alfonso*, etc. Les uns après les autres ont quitté ce port déjà envahi par la fièvre jaune, et la *Navarre*, qui est arrivée la première à Rio-Janeiro, le 3 décembre 1849, a communiqué librement avec la ville. Quoiqu'il en ait été de même pour tous les autres bâtiments provenant de Bahia, on n'accuse cependant que les matelots de cette barque d'avoir porté la fièvre jaune dans une auberge voisine du port. Les premiers cas bien constatés ne remontent qu'au 28 décembre 1849. C'est le docteur Lallemant qui a le premier signalé cette maladie ; il a reçu, ce jour même, à l'hôpital de la Miséricorde, deux marins, l'un d'un brick russe, *Wolga*, et l'autre d'une barque américaine, qui étaient dans le port de Rio depuis le 16 novembre ; ces deux malades ont succombé le même jour, présentant des vomissements noirs, les conjonctives jaunes et la suppression des urines. Ce médecin les déclare morts de fièvre jaune. En janvier, la maladie se propage dans toutes les rues de la ville et elle conserve les caractères d'une véritable et cruelle épidémie jusque dans le mois de juin, au commencement de la saison d'hiver.

Pernambuc, Para, Sainte-Catherine, tous les ports du Brésil qui ont été en communication avec Bahia, sont successivement envahis par la fièvre jaune, dans les mois de janvier et de février. On remarque cependant que San-Luis de Maranham, situé à 2°,30', qui fit observer une quarantaine rigoureuse pendant toute cette période, n'eut pas un seul cas de cette maladie.

Il a été constaté partout que le degré d'altitude d'un lieu a une grande influence sur son immunité en présence de la fièvre jaune. Nulle part ce fait ne paraît plus évident qu'à Bahia, qui présente deux étages bien nettement tranchés ; la partie basse de la ville, si cruellement traitée, dès la première épidémie, est visitée tous les ans par cette maladie; tandis que la partie haute, comprise dans la même enceinte, n'a jamais eu un cas de fièvre jaune. Mais combien aussi sont différentes les mesures hygiéniques dans ces deux quartiers de la ville !

Sous le rapport de la topographie, Rio-Janeiro est dans les conditions les plus fâcheuses : encaissée entre de hautes montagnes de granit, dont le sommet et les flancs sont presque complétement nus, tandis qu'une végétation exubérante couvre leur base, la capitale du Brésil est tout entière au niveau de la mer, qui se précipite quelquefois dans ses rues étroites et sales; quoique chauffées, de décembre en mai, par un soleil qui y darde perpendiculairement ses rayons de feu, ces rues sont toujours humides ; l'air n'y circule pas, parce que les pans des montagnes s'y opposent; aux journées brûlantes succèdent des nuits lourdes et énervantes ; nul vent, ni même la brise du large ne peut renouveler et balayer l'atmosphère humide et tiède qui pèse sur cette cité. J'y ai passé quelques jours, en plein été, vers la fin de décembre, et j'avoue que je n'ai jamais tant souffert de la chaleur humide. Il faut ajouter à cela que les 300,000 habitants de Rio vivent au milieu de tous les détritus animaux et végétaux que le temps accumule autour d'une population malpropre, agglomérée, qui manque d'égouts, de latrines et d'eau même. C'était là, il y a une douzaine d'années, l'état dans lequel se trouvait cette ville, quand elle a été envahie par la première épidémie de fièvre jaune. Mais son état hygiénique n'était pas meilleur, que je sache, aux époques antérieures, alors que l'importation paraissait cependant aussi menaçante. Et, depuis lors, on a établi des fontaines qui distribuent l'eau avec moins de parcimonie dans la ville, on a pavé quelques rues, et l'on fait emporter, tant bien que mal, les immondices que l'on dépose aux bords de la mer; et cependant, la fièvre continue à y sévir, d'une manière épidémique et endémique. Toutefois, il est reconnu que des mesures de propreté et d'assainissement, mieux observées dans ces dernières années, rendent les épidémies moins fréquentes et bien moins graves ; et même, depuis deux ans, la fièvre jaune n'a plus reparu qu'isolément, d'une manière sporadique, à Rio-Janeiro.

IV. — Rapport entre la marche de ces épidémies et les conditions climatériques.

Les mesures d'hygiène publique, dont l'observation sérieuse lutte avec une grande efficacité contre les épidémies de typhus, de choléra et de peste, paraissent exercer une influence réelle dans le développement des épidémies de fièvre jaune, et elles amèneront certainement les modifications les plus heureuses dans l'application des quarantaines. Les moyens hygiéniques sont d'ailleurs liés intimement aux circonstances atmosphériques, ainsi qu'aux conditions climatériques du lieu : les uns découlent naturellement des autres. Si je cherche à préciser le rôle que ces dernières paraissent avoir joué, dans l'invasion des ports du Brésil par la fièvre jaune, je constate que, partout, l'importation a eu lieu pendant la saison chaude de l'été, depuis décembre jusqu'à la fin de février, alors que la température mensuelle moyenne varie entre 26 et 28º ; que l'épidémie était d'autant plus meurtrière qu'elle coïncidait davantage avec de fortes chaleurs ; que là où elle se montrait seulement à la fin de l'été elle sévissait très-légèrement ; qu'elle disparaissait à l'entrée de la saison hivernale, en mai et en juin, au plus tard, quand la température moyenne retombait à 21 degrés. Ainsi, me reportant aux époques antérieures à 1849, auxquelles des navires infectés de fièvre jaune ont séjourné dans le port de Bahia et de Rio-Janeiro, sans y développer d'épidémie, je suis fondé à croire que cela tenait à ce que ces communications arrivaient dans la saison d'hiver ; cela me paraît évident pour les deux bâtiments anglais *the Bann* et *the Driver* qui, ayant quitté la côte d'Afrique en mars, et ayant touché à l'Ascension, ne pouvaient arriver à Bahia que pendant la saison d'hiver. Je regrette d'avoir à invoquer des faits si mal observés ; et ceux de l'hôpital de Rio, en 1836, qui laissent tout autant à désirer, ne peuvent éclairer davantage ce point, parce qu'ils manquent également de dates.

Si je poursuis ce parallèle entre les conditions atmosphériques et la marche des épidémies à Rio, pendant les années suivantes, je trouve, d'une part, que la chaleur et l'humidité de l'air augmentent subitement en décembre 1850, et qu'elles atteignent leur plus grande intensité, en février et mars 1851, pour baisser en mai ; d'autre part, que la fièvre jaune, qui avait cessé depuis juin 1850, reparaît en janvier, mois pendant lequel elle cause 15 décès ; puis elle donne, en février, une mortalité de 30 cas, en mars, de 60, et en avril, de 120 ; c'est le point culminant de l'épidémie qui retombe à 100 décès, en mai et à 30, en juin. A cette époque de l'année le thermomètre est le plus bas, le degré d'humidité de l'air est au minimum et la colonne barométrique atteint la plus grande hauteur, suivant les lois ordinaires de la météorologie. Mais l'épidémie ne s'est pas complétement éteinte, pendant cette année, seulement elle ne fournissait plus, dans les derniers mois, que 10 décès.

L'année suivante, en 1852, je vois la température s'élever considérablement, en janvier, et la moyenne atteindre même 27° ; l'humidité de l'air marche parallèlement et la fièvre jaune sévit, avec une telle intensité qu'elle donne, pendant ce même mois, 245 décès : tandis que le mois suivant, la température et l'humidité baissant, l'épidémie n'est plus représentée que par le chiffre de 70 décès. Mais, soyons toujours en garde contre des conclusions prématurées! tandis que la chaleur continue d'aller en diminuant, ainsi que la proportion de vapeur d'eau tenue en suspension dans l'air et que la colonne barométrique se maintient à une hauteur maximum, l'épidémie augmente d'intensité et la mortalité s'accroit, dans une proportion de plus en plus effrayante, jusqu'à produire, pendant le mois d'avril, 415 décès; la fièvre jaune se prolonge même cette année jusque dans la saison d'hiver ; et, en août, elle donne encore lieu à 60 décès. Les recrudescences sont plus marquées, pendant l'été de 1853 et de 1854 ; l'épidémie s'éteint alors, en avril, mais non sans retour. Ainsi cette longue épidémie, qui a duré pendant quatre ans, avec des exacerbations meurtrières, a donné lieu à la mortalité suivante à Rio-Janeiro :

ANNÉES.	DÉCÈS par fièvres jaunes.	DÉCÈS par maladies diverses.	TOTAUX.
1851	475	8,334	8,809
1852	1,943	7,784	9,727
1853	853	7,722	8,575
1854			
mois de janvier	2	742	744
— février	1	595	596

V. — Symptômes généraux et lésions cadavériques observés, pendant la première épidémie de Fièvre jaune, à Rio-Janeiro.

Cette invasion si inattendue d'une épidémie qu'on n'avait pas eu l'occasion d'étudier encore au Brésil, engagea les médecins de Rio-Janeiro à préciser les symptômes que cette maladie a présentés en 1850 ; ils les ont basés sur un nombre d'observations collectives de plus de 4,000 malades. Je ne crois devoir emprunter à ce travail que les symtômes principaux les plus caractéristiques, et cela pour établir seulement que cette épidémie appartient bien réellement à l'invasion de la fièvre jaune.

La marche de la maladie a présenté trois phases ou périodes, généralement assez bien marquées. Au début, il y avait perte d'appétit; la langue, couverte d'un enduit jaunâtre, était rouge à la pointe et sur les bords ; le malade vomissait les substances ingérées ; il avait des douleurs à l'épigastre, de la constipation, quelquefois avec de l'ictère ; la respiration était pénible et il y avait des épistaxis, le plus souvent. On trouvait le pouls petit et fréquent, des battements dans les tempes, les yeux brillants, larmoyants et les conjonctives injectées, les pupilles dilatées, de l'insomnie avec un état comateux, de la céphalalgie, des douleurs contusives dans les membres, un tremblotement de la langue et des lèvres inférieures, les urines plus colorées et peu abondantes. Ces derniers signes, accompagnés d'une grande prostration et de troubles des facultés intellectuelles, présageaient des cas graves qui passaient, plus ou moins rapidement, par les périodes successives pour se terminer par la mort. Mais le mal pouvait s'enrayer, dès cette première période, et les phases suivantes ne se sont pas établies toujours, surtout au commencement et à la fin de l'épidémie.

Dans une période plus avancée de la maladie, les vomissements devenaient bilieux, noirs ou de couleur chocolat et ils étaient mêlés de sang ; le ventre, dur et douloureux, se météorisait, des évacuations jaunes et noires s'établissaient, les saignements de nez devenaient plus fréquents et plus abondants, le pouls plus accéléré et plus petit, la respiration plus haute et plus anxieuse ; les urines, plus chargées et sédimenteuses, dégageaient une forte odeur ammoniacale, les idées confuses, le délire ou le coma terminaient souvent la scène, ou bien il survenait des taches rouges et jaunes, sur certaines parties du corps, des pétéchies et des sudamina, et la maladie se jugeait parfois par une éruption furonculeuse.

La dernière période de la maladie se caractérisait par la sécheresse et la fuliginosité des lèvres et des dents, une exsudation sanguine sur toute la muqueuse buccale, par des vomissements noirs et plus fréquents, par des évacuations suivies d'hémorrhagies, par l'irrégularité, l'état filiforme et faible du pouls, par un délire persistant, par la carphologie, le soubresaut des tendons, des convulsions épileptiformes et une complète prostration ; les urines étaient supprimées et le malade rendait quelques gouttes de sang ; l'hémorrhagie se montrait partout où il y avait une solution de continuité. Des abcès, la gangrène, les sueurs froides et la résolution complète des membres mettaient fin, le plus souvent, à ce triste tableau. Cependant les malades conservaient leurs facultés intellectuelles parfaitement intactes jusqu'à la mort ; d'autres présentaient des troubles dans la mémoire dès les premières heures de la maladie ; quelques-uns souffraient surtout de violentes douleurs dans les membres inférieurs et dans les lombes ; la douleur de la région sus-orbitaire était presque constante, pendant la première période. Il est à regretter qu'au milieu de tous ces phénomènes les observateurs n'aient pas enregistré, avec plus de soin, les conditions physiques et chimiques des urines et qu'ils aient complétement négligé de rechercher les éléments de la bile et l'albumine dans les excrétions.

Les médecins de l'hôpital de la marine Santa-Isabel ont constaté, par l'autopsie, les lésions anatomo-pathologiques suivantes, sur plusieurs fiévreux qui y ont succombé, en 1850 : ramollissement de la muqueuse œsophagienne, de la muqueuse de l'estomac avec des ecchymoses, des ulcérations et des excoriations, plus fréquentes et plus prononcées dans la région pylorique que vers le cardia. Ces lésions se retrouvaient, mais moins fréquemment, dans les intestins. Le foie était rarement intact, mais le plus souvent hypertrophié, présentant des taches violacées et une texture plus friable. La vésicule contenait toujours de la bile, et sa densité était rarement changée. Le péritoine était injecté par places et offrait des plaques sombres. La vessie contenait une urine épaisse, peu abondante, violacée et jaunâtre, celle-ci avait quelquefois une couleur normale, sa muqueuse était rouge, comme boursouflée, surtout autour du col.

Le système cérébro-spinal présentait ordinairement une injection prononcée des méninges ; mais l'engorgement vasculaire était surtout remarquable dans la région sacro-lombaire; les cavités ventriculaires, et arachnoïdiennes contenaient une sérosité jaunâtre ou sanguinolente, la masse encéphalique conservait le plus souvent sa consistance normale, parfois elle était ramollie à sa surface.

Le poumon présentait ordinairement des engorgements, des congestions passives, quelquefois des signes d'inflammation de la muqueuse des bronches.

Parfois le péricarde renfermait une faible quantité de sérosité jaunâtre ou sanguinolente, sans trace d'inflammation ; les cavités du cœur et les gros vaisseaux contenaient des caillots mous et du sang fluide violacé.

Le tissu cellulaire, ainsi que la plupart des parenchymes étaient infiltrés d'un liquide jaune. La peau était d'un jaune citron ; elle présentait des taches violacées, des pétéchies et des sudamina, principalement sur la poitrine et sur l'abdomen. Toutes les solutions de continuité avaient un aspect gangréneux.

Toutes les médications, évacuantes, stimulantes, toniques, excitantes, astringentes, etc., ont été employées, tour à tour, et il serait bien difficile de trouver là une méthode thérapeutique fixe et stable. Il y a tout à tenter encore dans cette voie !

VI. — Épidémie de Fièvre jaune à Rio-Janeiro, en 1860 et 1861.

Après des épreuves si cruelles, le gouvernement impérial du Brésil songea sérieusement à prendre des mesures hygiéniques, à organiser un service sanitaire régulier, sous la haute surveillance d'une commission ou junte centrale, relevant du Ministère du commerce. Des conseils de santé sont établis dans les provinces et surtout dans les ports de mer de l'empire. Cette administration veille à la santé publique, c'est à elle que le pays doit l'assainissement de ses grands centres de population et les conditions moins insalubres dont il jouit depuis plusieurs années ; c'est à elle aussi qu'on doit des détails moins vagues et plus instructifs sur les épidémies de fièvre jaune qui se sont montrées, depuis 1855, dans les ports de mer brésiliens. Je trouve déjà des documents assez précis dans les rapports que le bureau de statistique de l'hôpital de la Miséricorde de Rio-Janeiro publie, sur le mouvement de cet établissement charitable, depuis 1860.

Cette institution, qui ne fonctionne que depuis la fin de l'année 1859, a publié deux rapports semestriels : l'un comprend depuis le 1er juillet 1860 jusqu'à la fin de l'année, et l'autre donne le mouvement du même hôpital, pendant le 1er semestre 1861. Ce ne sont pas là seulement des relevés numériques, avec de grandes colonnes de chiffres, comme nous en avons tant en Europe ; ce sont des données qui empruntent une valeur réelle aux observations climatériques parallèles qui les accompagnent ; cependant elles laissent encore beaucoup à désirer.

Pour n'y puiser, quant à présent, que le fait relatif aux épidémies de fièvre jaune, je me borne à signaler d'abord la proportion des malades atteints de cette affection et qui sont entrés à l'hôpital. savoir :

ANNÉES.	MALADES.	DÉCÈS.	DÉCÈS P. 100 MALADES.
1860	1,596	495	31
1861	1,083	222	20

Ainsi, pendant le semestre de 1860, qui correspond à la saison d'hiver, comprise entre juillet et décembre, et pendant laquelle la température moyenne des mois ne dépassait pas 22°, pendant laquelle la hauteur barométrique moyenne était plus grande (758mm,50) et que les pluies étaient moins abondantes (631mm,96), la mortalité, par suite de fièvre jaune, a été plus forte; tandis que pendant le semestre suivant, qui était le plus chaud de l'année, pendant lequel la température moyenne des mois dépassait toujours 25°, que la hauteur barométrique moyenne ne dépassait pas 757mm,38 et que la quantité de pluie s'était élevée à 658^{mm},76, les décès causés par la fièvre jaune ont été moindres que pendant la saison précédente. Il semble donc que les circonstances atmosphériques considérées en elles-mêmes n'ont eu, dans cette dernière épidémie, pas plus que dans les précédentes, une influence aussi absolue qu'on serait tenté de le croire, d'après quelques observations isolées. Il n'est donc pas impossible que la fièvre se propage, avec intensité et rapidité, pendant la saison d'hiver, sous les latitudes du Brésil; mais, de ce que cette maladie a été plus meurtrière pendant cette saison que pendant l'été, cela me paraît découler simplement de ce que dans toutes ces épidémies, la gravité est plus grande au commencement qu'à la fin. Cette circonstance ne doit cependant amoindrir nullement l'influence manifeste des saisons sur la fièvre jaune.

Si, à ces données, je joins celles empruntées à la mortalité, suivant les sexes, j'obtiens :

ANNÉES.	MORTALITÉ GÉNÉRALE.			DÉCÈS PAR FIÈVRE JAUNE.		
	hommes.	femmes.	TOTAL.	hommes.	femmes.	TOTAL.
Semestre 1860	1,418	327	1,745	458	37	495
Semestre 1861	1,546	515	2,061	202	20	222

Il semblerait qu'on dût conclure de là, en effet, que la fièvre jaune est plus grave pour les hommes que pour les femmes. Ainsi, pendant le premier semestre, tandis que la mortalité générale parmi les hommes est de 81 et celle des femmes de 18 p. 100, la proportion des décès, par fièvre jaune, est de 92 pour ceux-là et de 7 p. 100 seulement pour celles-ci; pendant le second semestre, ces rapports sont de 75 p. 100 pour les hommes, et de 24 pour les femmes; donc, la mortalité générale est de 90 et 10 pour 100 décès par fièvre jaune. Donc, dans les deux périodes de l'épidémie, les femmes semblent avoir mieux résisté que les hommes; et, comme chez les adultes, la mortalité les a frappées plus à la fin qu'au commencement de l'épidémie.

Les documents que j'ai puisés au bureau de statistique de Rio-Janeiro, sur le mouvement de l'hôpital de la Miséricorde, pendant cette année de 1860 à 1861, me permettent d'envisager d'autres points relatifs à ces épidémies de fièvre jaune. J'y constate, par exemple, quant aux sexes, les proportions suivantes :

ANNÉES.	MALADES TRAITÉS.			MALADES DE FIÈVRE JAUNE.		
	hommes.	femmes.	TOTAL.	hommes.	femmes.	TOTAL.
Semestre 1860	8,509	1,170	9,679	1,482	114	1,596
Semestre 1861	12,204	1,553	13,757	1,049	34	1,083

En ramenant à 100 la proportion des hommes et des femmes qui sont entrés, pendant ces deux semestres, à la Miséricorde, je trouve que, pendant la première période de l'épidémie, 17 hommes sur 100 étaient atteints de fièvre jaune et seulement 9 sur 100 femmes ; que, dans la seconde période, il n'y avait plus que **8** p. 100 hommes et **2** p. 100 femmes. Cela pourrait signifier que les femmes sont moins exposées à contracter la fièvre jaune que les hommes, si la population d'un hôpital représentait la population même d'une ville ; mais je connais trop la répugnance que montre, dans tous ces pays, le sexe féminin à entrer dans un établissement charitable, pour vouloir tirer une conclusion rigoureuse et absolue de ce rapprochement. Cette réserve sera dailleurs justifiée plus loin.

Considérés par rapport à l'âge, les malades se présentent dans les proportions suivantes :

ANNÉES.	MALADES TRAITÉS.				MALADES DE FIÈVRE JAUNE			
	enfants.	adolesc.	adultes.	vieillards'	enfants	adolesc.	adultes.	vieillards.
Semestre 1860	541	4,380	3,754	957	108	837	585	66
Semestre 1861	788	5,414	7,176	184	2	66	1,005	4

Il est important de rappeler que parmi les enfants sont compris tous les individus jusqu'à l'âge de 15 ans, que les adolescents comprennent entre eux 15 et 25 ; les adultes, ceux de 25 à 70, et les vieillards, tous ceux au delà de 70 ans. En comparant l'un à l'autre le mouvement de cet hôpital, pendant les deux semestres, on est frappé de voir qu'au commencement de l'épidémie c'est l'âge débile, l'enfance et la vieillesse qui figurent dans une plus forte proportion, et que, dans la seconde période, c'est l'âge viril qui prédomine ; que l'épidémie frappe d'abord les enfants et les vieillards et plus tard seulement les adultes.

On a dit et répété, sans contróle, que les hommes de couleur n'étaient pas atteints par la fièvre jaune. Je puis vérifier cette assertion, d'après les relevés de l'hôpital de Rio-Janeiro, où je trouve bien établie la distinction entre les blancs, qui comprennent également les créoles, à toute espèce de degrés, et les gens de couleur qui sont des nègres avec des nuances ; ils me donnent les proportions suivantes :

ANNEES.	MALADIES GÉNÉRALES.				FIÈVRE JAUNE.			
	BLANCS.		NOIRS.		BLANCS.		NOIRS.	
	malades.	décès	malades.	décès.	malades.	décès.	malades.	décès.
Semestre 1860	8,303	1,231	1,365	615	1,512	485	84	10
Semestre 1861	10,733	1,140	2,981	967	1,078	222	5	»

Il est juste de remarquer, à cette occasion, que Rio-Janeiro a une population moitié blanche et moitié noire, mais que les gens de couleur sont dans les familles les plus aisées, en qualité de domestiques ; ils sont esclaves, sans être trafiqués. Dans ces conditions, ils vont rarement à l'hôpital, quand ils sont malades. Il ne faudrait donc pas vouloir conclure de la population de l'hôpital de la Miséricorde à celle de la ville elle-même. Je ne crois pouvoir constater par là que ce fait général, qu'il entre peu de noirs à l'hôpital, eu égard à la proportion des gens de couleur qu'il y a parmi la population de la ville. Mais ce tableau semble prouver, d'une part, que les noirs contractent la fièvre jaune comme les blancs ; d'autre part, pour les maladies générales, la mortalité est moins forte parmi les blancs (1 décès sur 8 ou sur 10 malades), que parmi les noirs (1 décès sur 2 ou 3 malades), tandis que la proportion est inverse, quant à la mortalité pour fièvre jaune, puisque les premiers donnent 1 décès sur 4 ou sur 5 malades, et les derniers seulement 1 sur 8. Cette épidémie fait ressortir l'analogie qu'on constate entre le tempérament des noirs et celui des enfants ; elle a frappé les gens de couleur, surtout au commencement, absolument comme les enfants et les vieillards.

S'il est impossible de déterminer, avec les documents publiés par la junte du Brésil, le rapport précis dans lequel la fièvre jaune a sévi, parmi les différentes nationalités qui composent la population de Rio-Janeiro, il est permis cependant de trouver déjà quelques jalons dignes d'intérêt, dans les relevés suivants que j'extrais de ces publications :

SEMESTRE DE 1860.

NATIONS.	MALADIES GÉNÉRALES.		FIÈVRE JAUNE.	
	malades.	décès.	malades.	décès.
Nationaux	1,147	323	187	7
Etrangers	7,536	1,136	1,330	484
Noirs. . . . . . . , ...	805	289	56	4

SEMESTRE DE 1861.

NATIONS.	MALADIES GÉNÉRALES.		FIÈVRE JAUNE.	
	malades.	décès	malades.	décès.
Brésiliens	2,186	579	11	3
Autres nations d'Amérique.	217	16	17	2
Portugais.	7,257	736	326	93
Autres nations d'Europe.	2,650	243	729	124
Peuples d'Asie.	57	6	»	»
Africains.	1,354	479	5	»
Autres parties du monde	2	1	»	»

Quoique je ne possède aucune donnée, même générale, sur la proportion de chacune des nationalités qui entre dans la population de Rio, je crois cependant qu'on admet, avec un certain degré d'approximation, que les étrangers y figurent pour un tiers, dont la moitié, soit 1/6ᵉ est formé par des Portugais. Ceux-ci fournissent aussi la plus forte proportion de malades et, quant à la mortalité générale, elle paraît être à peu près la même parmi les Portugais que parmi les autres étrangers de l'Europe, mais elle est déjà moitié moins forte parmi les Brésiliens, qui ne sont que des Portugais de plus ancienne date (ceux-ci peuvent donc s'acclimater au Brésil). Mais les Portugais ont contracté la fièvre jaune dans le rapport de 1 sur 24 malades de l'hôpital, et les Brésiliens de 1 sur 200 ; tandis que les Européens ont eu un cas de fièvre jaune sur 4 malades. Cependant, parmi les Brésiliens et les Portugais atteints de fièvre jaune, il y avait eu, d'après ces mêmes relevés, 1 décès sur 4 malades, tandis que parmi les étrangers européens, il n'y avait eu 1 décès que sur 6 malades.

VII. — Propagation de la Fièvre jaune à Montévideo.

On vivait dans une complète sécurité à Montévideo, sous la latitude de 34⁰,54' sud ; on se croyait bien à l'abri contre l'invasion de la fièvre jaune, dans un lieu où la température moyenne de l'année ne s'élève pas à 17°, et où les mois les plus chauds donnent rarement une moyenne supérieure à 22⁰ ; on n'opposa que les mesures les plus vulgaires, les plus ordinaires à des navires qui, arrivés de Rio-Janeiro, fin février 1857, avaient à bord des malades atteints de fièvre jaune. Ces bâtiments sont mis en quarantaine, mais ils restent dans le port même, isolés simplement et peu surveillés. Il existe une pièce officielle, le procès-verbal du chef de la police de Montévideo, qui constate que des communications ont eu lieu entre ces bâtiments et quelques pêcheurs qui habitent, le long du port, les parties basses du côté nord de la ville. Deux Italiens, Ballero et Puchinotti, y sont particulièrement dénoncés, comme ayant été à bord des navires en quarantaine. Aussi, ce sont là les deux premières victimes de l'épidémie que nous allons voir sévir dans cette ville : l'un meurt le 2, et l'autre le 3 mars, après quelques heures de maladie seulement.

Mais je crois utile de rapporter, en quelques mots, l'état hygiénique et les conditions climatériques de Montévideo, au moment où la fièvre jaune s'y est ainsi montrée. Située sur le prolongement le plus méridional de ces sierras orientales du Brésil qui parcourent, du nord au sud, la république de l'Uruguay, cette cité élevée sur des roches granitiques, dont elle occupe la dernière crête, est baignée par la mer de toutes parts, excepté du côté du nord-est. Son port naturel est creusé dans une vaste anfractuosité, qui s'ouvre au sud-ouest, entre la colline sur laquelle est bâtie la ville, à l'est, et le cerro de Montévideo à l'ouest; il reçoit constamment le mélange des eaux douces du Rio-de-la-Plata et des eaux salées de l'Océan. La résultante de ces courants pousse au fond de cette baie des sables et de la vase, qui tendent à le combler du côté nord de la ville. Cette partie basse est submergée quand soufflent les vents du sud, mais surtout le violent sud-ouest; et elle se trouve à sec quand règnent les vents du nord, laissant des flaques, des mares d'eaux croupissantes au milieu des détritus animaux et végétaux qui se trouvent amoncelés dans ces mêmes quartiers. Les médecins et les autorités de cette ville, que j'ai consultés à ce sujet, m'ont montré toute la zone, couverte aujourd'hui de superbes habitations, qui, en 1857, ne formait que des mares infectes se prolongeant de ce côté jusqu'au cœur même de la cité. Il n'y a d'ailleurs ni égouts, ni même des lieux d'aisances dans cette ville.

Les eaux y manquent parfois d'une manière très sérieuse, quand les citernes s'épuisent, et les rues ne sont lavées que par les fortes pluies qui, parfois, se font désirer longtemps. Mais ce n'était pas le cas en 1857; les mois de janvier, de février et de mars étaient très humides, et la chaleur à peu près constante; la température de ce mois dépassait souvent 23°.

C'est sous l'influence de pareilles conditions que nous voyons les deux pêcheurs italiens porter le germe de la fièvre jaune, d'abord dans leurs habitations placées dans cette région septentrionale, sale et malsaine de la ville de Montévideo. Il est à regretter que les médecins établis dans cette ville n'aient pas enregistré les phases, les progrès et l'extension de ce fléau, qu'il leur eût été si facile de suivre de maison en maison et d'une rue à l'autre. Mais la consternation était grande, le trouble s'est emparé de toute la population qui, fuyant de toute part, se réduisit, en peu de temps, de 40,000 à 10,000 âmes. Je vais essayer, toutefois, de combler en partie cette lacune, à l'aide des relevés que l'administration de l'hôpital de Montévideo a bien voulu me laisser prendre, sur les registres mêmes de cet établissement charitable. Je constate, d'après le mouvement qui a eu lieu dans cet hôpital l'année qui a précédé et celle qui a suivi l'épidémie, qu'il y entre, en moyenne, 109 malades par mois, sur lesquels il y a 14 décès, également en moyenne. Je trouve même que, pendant le mois de février 1857, il y a eu 112 entrants et seulement 9 décès, dont 3 phthisiques et 3 vieillards de 62, 80 et 90 ans, qui sont morts de *consomption*; les autres ont succombé, l'un à la diarrhée, l'autre à une hépatite, et le troisième à une affection traumatique. Mais, en mars, la scène change complétement. Je vois que, dès le 5, on porte à cet hôpital la femme (âgée de 31 ans) du pêcheur Ballero, qui meurt dans la journée même ; leur fille, âgée de 4 ans, est frappée moins sérieusement, elle se remet et sort guérie le 29 du même mois. Une voisine de la famille Ballero, une blanchisseuse française, âgée de 29 ans, entre également le 5, présentant les symptômes de la même maladie ; elle guérit et sort de l'hôpital le 28 du même mois. Cette maladie était désignée tantôt sous le nom de fièvre gastrique régnante, tantôt sous celui de fièvre gastroméningite, gastro-hépatique, fièvre typhoïde, ou fièvre continue ; mais tous les médecins que j'ai interrogés à ce sujet n'hésitent pas à la qualifier de fièvre jaune ; elle présentait, comme symptômes caractéristiques : de la fièvre, avec un grand abattement, de la prostration, de la céphalalgie, du délire et l'ictère ; les hémorrhagies et le *vomito negro* ne manquaient pas non plus. Il est assez étonnant que les médecins de Montévideo, parmi lesquels je trouve cependant quelques anciens chirurgiens de la marine française, n'aient pas fait une seule autopsie, pendant la durée de cette épidémie !

A la même date du 5 mars, entrent à cet hôpital deux petites filles, l'une âgée de 3 et l'autre de 4 ans ; ce sont les enfants de l'autre Italien, Puchinotti, présentant les symptômes de la maladie à laquelle leur père a succombé ; elles sortent guéries le 29 du même mois. Leur mère, la femme Puchinotti entre à l'hôpital le 7 et meurt le 8 mars. Les deux familles Ballero et Puchinotti vivaient sous le même toit, ainsi qu'une autre Italienne âgée de 40 ans, que je vois entrer à l'hôpital le 8 et mourir le même jour. Un Italien, également âgé de 40 ans et habitant toujours la même maison, est admis à l'hôpital le même jour et il meurt le 10. Toute une famille composée d'un homme de 29 ans, d'une femme de 31 et d'une fille de 12 ans, qui habitait une maison voisine, y entre également le 8, avec les symptômes de la maladie régnante, mais tous trois guérissent. Le 9 on y transporte un nègre de 50 ans qui habitait une maison contiguë à celle des Italiens morts ; ce malade présentait les symptômes de l'affection régnante, avec prédominance de phénomènes gastro-hépato-dysentériques ; il est mort le jour de son entrée. Le lendemain, il entre 4 malades de la même rue que celle du nègre, mais de maisons différentes ; deux succombent et deux guérissent. Le 11 mars, il entre à l'hôpital 8 malades affectés de la maladie régnante et provenant toujours du même quartier, mais de rues différentes ; il en meurt 6. Je vois, d'après les registres des admissions à l'hôpital, qu'il ne se présente que des malades de ce même quartier bas et septentrional de la ville. Comme l'usine à gaz s'y trouve, et cela seulement depuis quelques temps, on acccusait cet établissement de favoriser la propagation du fléau ; cependant je ne vois arriver à l'hôpital, pendant ce mois, qu'un seul ouvrier travaillant dans cet établissement : c'est un Italien âgé de 18 ans, qui tombe malade le 26 et meurt le 27 mars. Une note que je trouve à côté de son nom m'apprend, en effet, que c'est le premier ouvrier de cette fabrique qui soit atteint de la maladie régnante.

Je vois mentionné dans le registre de l'hôpital un autre fait que je me borne à rapporter tel quel : un Italien, capitaine d'une barque, qui a eu la fièvre jaune l'hiver dernier à Rio-Janeiro, la contracte, le 20 mars, dans une des rues envahies de Montévideo où il demeure ; il entre à l'hôpital le 22 et meurt le 23.

Dès qu'au commencement de mars les caractères de l'épidémie furent reconnus, on organisa des ambulances. L'hôpital ne recevait, en grande partie, que des malades atteints de fièvre jaune. On en a admis 102, pendant tout ce mois, sur lesquels il y a eu 49 guérisons et 53 décès. Pendant le mois d'avril, je vois entrer à l'hôpital des malades qui venaient des quartiers plus élevés de la ville, même de la rue qui suit la crête culminante et qui la sépare en partie occidentale et en partie orientale ; j'appends que l'un des principaux hôtels, situé dans la plus belle rue, a été cruellement frappé : le maître y est mort d'abord, puis trois garçons et le cuisinier ; je trouve ces faits consignés dans les registres de l'hôpital. L'épidémie paraît avoir atteint son apogée pendant ce mois, d'après le mouvement de l'hôpital. En effet, il y a eu 284 malades admis, sur lesquels 135 sont morts. Je vois aussi figurer un grand nombre de cas qui sont désignés ainsi : malade recueilli par la police dans la rue, ne parlant plus et mort quelques heures après son entrée.

Mais, dans le mois de mai, alors que la température moyenne est déjà inférieure à celle de l'année, l'épidémie diminue rapidement, et en juin, où le thermomètre ne s'élève que très-exceptionnellement au-dessus de 22°, la moyenne étant de 12, la fièvre jaune cesse tout à coup. Ainsi, cette maladie seule a donné lieu au mouvement suivant, à l'hôpital de Montévideo, pendant les quatre mois que l'épidémie a régné :

En mars, 102 admissions. 49 guérisons. 53 décès. 51 par 100 malades.
En avril, 284   —   149   —   135   —   47   —
En mai,   45   —   25   —   20   —   44   —
En juin,   4   —   2   —   2   —   »   —

Totaux. 435 admis. 225 guéris. 210 décès.

Mais en réunissant tous les malades traités à l'hôpital, pendant ces quatre mois, j'obtiens les proportions suivantes :

En mars, 205 admissions. 130 guérisons. 71 décès. 35 par 100 malades.
En avril, 330 — 187 — 143 — 43 —
En mai, 145 — 112 — 33 — 22 —
En juin, 130 — 108 — 22 — 16 —

Ainsi, la marche, la gravité et les caractères les plus prédominants que cette maladie a présentés prouvent bien qu'il s'agissait là d'une épidémie, qui était tellement sérieuse que la moitié de ceux qui en étaient frappés sont morts, et cela dans un établissement où nous voyons, d'ordinaire, la proportion de la mortalité de l'année ne pas dépasser 14 pour 100, où les décès du mois qui a précédé l'invasion de cette maladie n'étaient même que de 12 pour 100; tandis que la mortalité, dès l'apparition de l'épidémie, s'élevait à 35 pour 100 malades, dans le premier mois, et à 43 pour 100 dans le second, pour descendre à 22, puis à 16 et à 15, pendant les mois suivants. On a fixé à environ 1,000 décès le chiffre de la mortalité causée par l'épidémie de fièvre jaune qui a régné, pendant trois mois, dans une ville dont la population était réduite à 10 ou 12,000 âmes au plus; ce serait donc à peu près le dixième de la population qui y aurait succombé !

Si je relève la proportion de la mortalité causée par cette épidémie, suivant le sexe, je trouve, pour l'hôpital de Montévideo seulement, les rapports suivants :

En mars, 31 hommes. 22 femmes : 53
En avril, 97 — 38 — 135
En mai, 15 — 5 — 20
En juin, 2 — » — 2

TOTAUX. 145 hom. 65 fem. 240

J'enregistre ces données, mais je n'entends pas m'en servir, quant à présent, et j'extrais de mes relevés journaliers de l'hôpital de Montévideo le tableau suivant, reproduisant la nationalité des malades qui y ont été traités pour la fièvre jaune :

NATIONALITÉS.	EN MARS.			EN AVRIL.			EN MAI.			EN JUIN.			TOTAUX.			DÉCÈS pour 100 malades.
	malades.	guéris.	morts.	malades.	guéris.	morts.	malades.	guéris.	morts.	malades.	guéris.	morts.	malades.	guéris.	morts.	
Italiens	31	9	23	89	36	52	18	7	11	»	»	»	139	52	87	62,59
Français.	11	5	6	71	34	37	7	3	4	1	»	1	92	42	68	73,91
Espagnols.	33	18	15	78	49	29	13	9	4	»	»	»	124	76	48	38,70
Orientaux (Uragay)	17	13	4	28	18	10	1	»	1	1	»	1	47	33	14	29,78
Nègres.	3	2	1	1	»	1	»	»	»	»	»	»	4	3	1	25,00
Brésiliens	2	1	1	2	1	1	»	»	»	1	»	1	5	3	2	40,00
Portugais	»	»	»	3	3	»	2	1	1	»	»	»	5	4	1	20,00
Allemands.	»	»	»	2	»	2	2	2	»	1	»	1	5	2	3	60,00
Argentins.	3	»	3	4	1	3	»	»	»	»	»	»	7	1	6	85,71

Toute espèce de renseignements me manquant, pour qu'il me soit possible de fixer la proportion de chacune de ces nationalités, parmi les babitants de Montévideo, je ne puis conclure de ce relevé au degré d'immunité plus ou moins grande des unes et des autres ; mais, toutes autres conditions étant égales, je constate, d'après les admissions à l'hôpital, pour la fièvre jaune, que la mortalité la plus faible a eu lieu parmi les Portugais qui, en ont encore moins souffert que les nègres, et ceux-ci ont succombé presque dans la même proportion que les indigènes actuels (les Orientaux, qui sont des descendants des conquérants espagnols) ; cependant les nouveaux Espagnols , ceux qui ne comptent pas encore une génération dans le pays , ont été frappés presque dans la même proportion que les Brésiliens ou les Portugais d'ancienne date , et beaucoup moins que les autres étrangers européens, les Italiens, les Allemands et les Français ; tandis que les voisins, les Espagnols de l'intérieur de la Plata, ont été le plus cruellement traités. Je me borne à constater les conséquences rigoureuses de mes recherches, sans avoir même la prétention de les soutenir, de les expliquer ou de les défendre ; je rapporte des faits qui m'ont paru être assez authentiques et assez sérieux ; ils laissent à désirer , je le sais, mais tels quels, ils ne sont pas absolument sans valeur, et c'est cette valeur seulement que je tâche de faire ressortir ; je les crois d'ailleurs aussi de nature à guider dans des investigations ultérieures.

La fièvre jaune, depuis le mois de juillet 1857, s'est éteinte à Montévideo et elle n'a plus reparu depuis lors ; mais cette maladie n'a cependant pas cédé complétement devant les frimas des rives de la Plata et, l'année d'après, elle s'est montrée aussi à Buenos-Ayres.

Quand, au commencement du mois de mars 1857, la fièvre jaune éclata si subitement à Montévideo, plus de la moitié de la population s'est enfuie ; la plupart se rendirent à la campagne, mais un grand nombre aussi se réfugièrent à Buenos-Ayres, avec qui les relations étaient faciles et très-suivies. Malgré ces immigrations momentanées, malgré le voisinage de ces deux villes, qui ne sont éloignées que de 40 lieues l'une de l'autre, l'automne se passe sans nulle trace de contagion de la maladie de Montévideo, l'hiver et l'été suivants se passent de même ; ce n'est que le 29 mars de l'année 1858 que la fièvre jaune apparaît à Buenos-Ayres, importée, dit-on, de Montévideo, d'où cependant elle était bannie déjà depuis bientôt un an !

Buenos-Ayres est sous la même latitude que cette dernière ville ; elle se trouve également sur les rives du même Rio-de-la-Plata ; seulement les eaux y sont constamment douces ; le flux et le reflux de la mer sont très-sensibles dans sa rade foraine, mais jamais les eaux salées n'y pénètrent. Cette ville, bâtie sur un sol légèrement élevé constitué par des sables argileux, jouit d'un climat non moins délicieux que Montévideo ; cependant les étés et les automnes y sont un peu plus chauds et les hivers et les printemps plus froids, par suite de sa situation un peu plus continentale, par suite aussi de son voisinage de ces immenses plaines des pampas. Ses rues sont larges et droites, comme d'ailleurs dans toutes les villes du Nouveau-Monde, mais elles étaient boueuses et sales ; en outre, on ne les pave que depuis ces dernières années et seulement dans la partie centrale. Les maisons, qui n'ont qu'un rez-de-chaussée, renferment des cours intérieures, mais vastes et bien aérées. Les soins hygiéniques, la propreté ne laissaient pas moins à désirer, dans ce port que dans celui de Montévideo. On rencontrait assez souvent des animaux entiers, abandonnés morts, au milieu des rues et qui se décomposaient sur place si les chiens, à qui incombait seuls la police sanitaire, ne se chargeaient pas de les faire disparaître. Encore aujourd'hui, quoique l'invasion de cette épidémie ait fait adopter quelques mesures de propreté, on rencontre des chevaux crevés, des quartiers d'animaux sur la voie publique, dans la zone même des plus belles habitations de la ville. Il faut bien que l'air soit bon, même excellent dans cette localité, comme l'indique son nom, pour que toute espèce d'épidémie n'y vienne pas sévir chaque année, pendant la saison des chaleurs humides. En effet, cette cité n'a pas d'égouts, l'eau même y manque, dans certaine proportion, quoique le fleuve le plus puissant coule à ses pieds ; et, tandis que la vanité y élève des palais au dieu du négoce et de l'agio, tandis que la société, républicaine, hélas ! quoique séparée en castes jalouses par le critérium de l'once d'or, se construit de splendides cercles ou clubs, le simple bon sens, en l'absence de tout souci de la santé publique, n'a pas suffi pour faire disparaître de la ville ce champ de carnage qu'on appelle l'abattoir, lequel, encaissé entre de petites collines, est complétement découvert, privé d'eau et d'écoulement pour le sang et les détritus des animaux qui y sont journellement sacrifiés ; le sol argileux, constamment imprégné de ces matières animales, répand des émanations pestilentielles dans cette partie de la ville.

C'est dans ce milieu que vivent 150,000 âmes qui composent, à peu près, la population de Buenos-Ayres, dont un tiers au moins est formé d'étrangers. C'est ainsi que la fièvre jaune a trouvé cette ville, au moment où, d'après les assurances que je tiens des praticiens les plus autorisés, des mariniers italiens, encore cette fois (du reste le cabotage et le service des ports de la Plata sont presque entièrement occupés par des Italiens, surtout des Génois), viennent clandestinement de Montévideo se fixer dans le quartier bas de la ville et y porter le germe de l'épidémie. Mais j'ai vainement cherché des dates, des données plus précises sur le mode d'importation et sur l'extension de cette maladie, à laquelle on donne cependant les mêmes caractères qu'à celle qui, l'année précédente, avait ravagé Montévideo. Les malades avaient de la fièvre, de la céphalalgie, une grande prostration, la coloration jaune des téguments, des hémorrhagies de toutes espèces et le *vomito negro*.

Cette maladie apparait subitement, le 29 mars 1858, d'après la statistique de Buenos-Ayres, et elle disparait presque de même, le 18 mai suivant.; elle n'a donc duré, en tout, que sept semaines. Dès son apparition, on choisit en dehors de la ville un bâtiment isolé qu'on appelait le lazaret, où l'on admettait tous les malades pauvres et ceux qu'on trouvait n'ayant pas de famille en ville.

Cette épidémie a donné lieu à une mortalité représentée par 141 décès, dont 103 en ville et 38 dans l'ambulance, et cela sur un nombre de malades que je ne saurais déterminer, car il n'existe aucun renseignement à ce sujet. S'il fallait en juger d'après ce qui s'est passé au lazaret, la maladie eût été extrêmement grave. En effet, je vois qu'on n'a reçu dans cette ambulance, en tout, que 42 malades atteints de fièvre jaune sur lesquels quatre seulement ont guéri. Au nombre de ces quatre guérisons figurent 2 enfants, des petites filles, de 8 à 10 ans, du pays, un homme de 35 ans, également argentin, et un Espagnol de 29 ans. Parmi les 38 qui ont succombé, il n'y avait que deux noirs, tous les autres étaient des blancs; et, parmi les décès de la ville, il n'y avait pas d'hommes de couleur.

Considérés par rapport à leur âge, ceux qui ont succombé à cette épidémie se classent de la manière suivante :

    4 avaient moins de 5 ans.
    10   —   de   6 à 10 ans.
     3   —   de 11 à 15   —
    41   —   de 16 à 25   —
    25   —   de 26 à 35   —
    19   —   de 46 à 60   —
     4   —   de 61 à 75   —
     1   —   de 76 à 90   —
    11   —   un âge indéterminé.

En groupant ces décès d'après les sexes, les conditions sociales et les nationalités, on obtient

NATIONALITÉS.	HOMMES.				FEMMES.				TOTAL.		TOTAUX GÉNÉRAUX.
	garçon.	mariés.	veufs.	X	filles.	femmes.	veuves.	X	hommes.	femmes.	
Argentins . . .	12	8	3	3	27	9	6	2	26	44	70
Autrichiens . .	1	»	»	»	»	»	»	»	1	»	1
Espagnols . . .	5	3	1	»	1	»	»	»	9	1	10
Français. . . .	5	2	»	»	1	1	»	»	7	2	9
Anglais	»	2	1	»	»	1	»	1	3	2	5
Italiens	12	13	3	2	2	5	3	1	30	11	41
Nord-Améric. .	»	1	»	»	»	»	»	»	1	»	1
Orientaux . . .	»	1	»	»	»	»	1	»	1	1	2
Indéterminés. .	»	»	»	1	»	»	«	1	1	1	2
TOTAUX. .	35	30	8	6	31	16	10	5	79	62	141

Ce relevé, qui rappelle tous les décès causés par la fièvre jaune de Buenos-Ayres, semble bien prouver que les femmes succombent à cette maladie presque dans la même proportion que les hommes. Quant aux nationalités, la grande quantité de décès, parmi les Italiens, tient à ce que la maladie a sévi principalement dans les rues sales, humides et étroites qui avoisinent le port, et que c'est là que vivent presque tous les pêcheurs et marins italiens. La proportion des Anglais morts, pendant cette épidémie, est très prononcée, eu égard aux autres nationalités, car il y a vingt fois plus d'Espagnols et quinze fois plus de Français que d'Anglais, à Buenos-Ayres, et la mortalité par fièvre jaune, chez ces derniers, dépasse de beaucoup ces rapports.

Comme annexe à toutes ces questions, relatives à la présence de la fièvre jaune dans l'Amérique méridionale, il y aurait lieu de rappeler les affections concomitantes, les maladies qui prédominent dans cette partie de l'hémisphère sud ; et ce serait le cas de citer la fréquence de la phthisie au Brésil, où elle figure, à peu près, pour un dixième parmi les causes de la mortalité générale ; cette maladie est presque aussi commune dans la Plata et dans le Paraguay. J'aurais à mentionner également les fièvres paludéennes, sur la côte orientale du Brésil, surtout parmi les populations blanches, tandis que les gens de couleur y sont fort peu sujets. Mais en gagnant le Sud, cette maladie devient plus rare, et, sur les rives de la Plata, il se passe quelquefois des années sans que les médecins aient à en constater l'existence. Le rhumatisme et la syphilis, par contre, règnent et prédominent dans toutes ces contrées sud-américaines. Cependant, les relevés statistiques laissent beaucoup trop à désirer pour que je puisse entrer dans de plus longues considérations à ce sujet. Toutefois , je tiens à signaler une erreur qui se reproduit dans tous les ouvrages de climatologie générale : On cite les pays de la Plata comme très favorables au développement du tétanos ; je trouve même des statistiques où l'on en cite des centaines de cas observés, chaque année, à Montévideo et à Buenos-Ayres. Eh bien, j'ai consulté les praticiens les plus sérieux et les pharmaciens de ces deux cités, et j'ai appris, non sans quelque étonnement, que, depuis plus de dix-huit mois, il n'y a pas eu de tétanos dans la première ville, et que le dernier cas qui s'est présenté, dans la seconde, remonte à quinze mois.

CONCLUSIONS.

Des documents que j'ai pu consulter et des renseignements de toute nature que j'ai pu me procurer, sur le développement et la propagation de la fièvre jaune, dans le Brésil et sur le littoral de la Plata, je crois pouvoir tirer quelques conclusions ou plutôt quelques propositions que je formulerai seulement, espérant qu'elles seront un jour suffisamment démontrées.

I. La fièvre jaune, qui a été importée dans les ports de mer du Brésil avant 1849, ne s'y est cependant propagée qu'à cette époque, parce qu'alors seulement elle paraît avoir trouvé les conditions atmosphériques nécessaires à son développement.

II. L'influence de la saison sur le développement de la fièvre jaune paraît évidente dans, la zone tempérée ; elle est sensible même dans les ports de mer des régions équatoriale et tropicale, sur la côte orientale, comme sur la côte occidentale de l'Amérique du sud : les épidémies commencent dans la saison chaude et humide et tendent à s'éteindre quand la chaleur et l'humidité diminuent.

III. Le développement des épidémies de fièvre jaune, dans les contrées sud-américaines, a toujours été lié à une importation implantée dans des localités où les conditions hygiéniques étaient le plus détestables; aussi la maladie s'est limitée, à Bahia, à Rio-Janeiro, à Montévideo et à Buenos-Ayres, dans les quartiers les plus malpropres et les plus bas; d'un autre côté, l'application de meilleures mesures d'hygiène a évidemment contribué à rendre les épidémies moins graves et à les éloigner même.

IV. La fièvre jaune, importée dans le port de Montévideo, s'est propagée en ville, parce qu'elle y a trouvé les conditions de chaleur, d'humidité, de malpropreté pour s'y développer ; mais elle a été évidemment communiquée d'individus à individus, puis de maisons à maisons;

la saison froide l'a arrêtée dans cette ville et l'a empêchée de se propager à Buenos-Ayres.

V. Rien ne prouve que la fièvre jaune de Montévideo ait été importée à Buenos-Ayres par un bâtiment infecté ; toutes les suppositions feraient penser que ce sont des mariniers italiens qui ont apporté cette maladie dans cette dernière ville ; mais en admettant cette opinion, qui est celle des médecins de la localité, il faudrait prouver qu'une cause quelconque a pu comprimer l'éclosion de l'épidémie, pendant 9 mois et surtout pendant la saison la plus chaude de l'année. Il est plus rationnel de penser qu'un navire, qui a été infecté à Montévideo, est arrivé à Buenos-Ayres sans avoir été assaini.

VI. Les relevés de statistique de Rio-Janeiro, de Montévideo et de Buenos-Ayres prouvent que les nègres contractent aussi la fièvre jaune, et cela, comme les enfants et les vieillards, plutôt au commencement des épidémies ; qu'ils y succombent, dans une proportion presque aussi grande que les indigènes eux-mêmes.

VII. Il résulte, en outre, de ces documents, que les étrangers ou les nouveaux venus en Amérique sont plus gravement frappés que les individus de même origine, mais qui y sont déjà acclimatés.

VIII. Les épidémies de fièvre jaune n'épargnent ni l'âge, ni le sexe ; les femmes y succombent dans une proportion presque aussi forte que les hommes.

IX. La fièvre jaune étant importée par des bâtiments et pouvant se transporter d'individus à individus, les mesures de quarantaine, l'isolement, la séparation des malades sont évidemment d'excellents moyens pour en préserver les lieux où elle n'est pas endémique ; mais à l'endémicité, les mesures d'hygiène sont opposées le plus efficacement.

X. C'est en vain qu'on cherchera les conditions du développement, de la marche et de la propagation de la fièvre jaune dans un travail qui ne sera pas basé sur les circonstances climatériques, sur les phénomènes atmosphériques et sur les mesures hygiéniques qui auront précédé, accompagné et suivi l'éclosion de cette maladie.

Paris. — Imp. FÉLIX MALTESTE ET Cᵉ, 22, rue des Deux-Portes-Saint-Sauveur.